Challenger Writing
SECOND EDITION
ADULT READING SERIES

Skill-building writing exercises
for each lesson in *Challenger 6* of the
Challenger Adult Reading Series

PLEASE RETURN TO:
Adult Education Center
Santa Barbara Central Library
40 East Anapamu St.
Santa Barbara, CA 93101

Practical Strategies, Inc.

New Readers Press

Writing for Challenger 6, 2nd Edition
ISBN 978-1-56420-905-4

Copyright © 2010 New Readers Press
New Readers Press
ProLiteracy's Publishing Division
104 Marcellus Street, Syracuse, New York 13204
www.newreaderspress.com

All rights reserved. No part of this book may be reproduced or transmitted in any form or by any means, electronic or mechanical, including photocopying, recording, or by any information storage and retrieval system, without permission in writing from the publisher.

Printed in the United States of America
13   12   11   10   9

Proceeds from the sale of New Readers Press materials support professional development, training, and technical assistance programs of ProLiteracy that benefit local literacy programs in the U.S. and around the globe.

Developmental Editor: Terrie Lipke
Contributing Editor: Terry Ledyard
Creative Director: Andrea Woodbury
Production Specialist: Maryellen Casey
Cover Design: Carolyn Wallace

Contents

Lesson 1 4

Lesson 2 6

Lesson 3 8

Lesson 4 10

Lesson 5 12

Lesson 6 14

Lesson 7 16

Lesson 8 18

Lesson 9 20

Lesson 10 22

Lesson 11 24

Lesson 12 26

Lesson 13 28

Lesson 14 30

Lesson 15 32

Lesson 16 34

Lesson 17 36

Lesson 18 38

Lesson 19 40

Lesson 20 42

Review 44

Lesson 1

1 Use These Words and Phrases in Sentences. Use some of the words and phrases below to write three sentences about the article "Healthy Food, Healthy Family."

fat-free	low-fat diet	serious weight problem
fresh fruits and vegetables	much fatter	sunny Florida
junk foods	overweight and unhealthy	super-sized meals

1. _____
   _____

2. _____
   _____

3. _____
   _____

2 Add Details. Read the sentences below. Then read through the article to find details that will make these sentences more interesting and clear. Rewrite your revised sentences on the lines provided.

> Details are words and phrases that add specific information to describe a person, place, thing, or idea. The writer says "sunny Florida" instead of "Florida." Details can also explain how something is done. Sometimes adding just a few words is enough. Other times you need to add whole sentences to make your writing more interesting and clear. Which of the two sets of sentences below tells you more?
>
> . . . Where can you build in a few extra steps? Just thinking about your health is not enough . . .
>
> . . . Where can you build in a few extra steps? Walk to the store. Take the stairs instead of using the elevator. Just thinking about your health is not enough . . .

1. Being obese can lead to health problems.
   _____
   _____

2. Years ago, people had to go from place to place to get food.
   _____
   _____

3. Reading labels on food is important.
   _____
   _____

3 What Will You Write About? In Exercise 4, you will write a one-paragraph summary. To gather information for your summary, list information from the section "Some Simple Rules." Write the main idea in each paragraph in "Some Simple Rules" on the lines below.

> A summary is much shorter than the actual article or story. For a summary, you need only the most important points and their details. When you list information for a summary, look for the main idea of each paragraph. That will be the most important point in that paragraph. Sometimes the main idea is stated, and sometimes you have to figure it out by reading the paragraph.

Paragraph 1: _____

Paragraph 2: _____

Paragraph 3: _____

Paragraph 4: _____

Paragraph 5: _____

Paragraph 6: _____

4 Write a One-Paragraph Summary. On a separate sheet of paper, write a paragraph summarizing the section "Some Simple Rules."

When you write, remember to:

1. Prewrite: Reread the article and your list of main points. Add any important details that you think will help the reader understand what "Some Simple Rules" is about.

2. Write an introduction: Tell what you are going to say about the section "Some Simple Rules." This is your topic sentence. Make it the first sentence in your paragraph.

3. Build the body of your paragraph: Use your list of main ideas from the five paragraphs. Don't use a lot of details because a summary should tell just the most important information. But you will need some details; for example, rather than saying "eat small meals every day," say "eat four to five small meals a day." Be careful to choose important details.

4. Write a conclusion: Tell what you wrote about, but use different words.

Lesson 2

1 Use These Words and Phrases in Sentences. Use some of the words and phrases below to write three sentences about the article "The Wedding Guest."

| Census Bureau | diverse | family portrait | population |
| different traditions | ethnicity | immigrants | unusual |

1. _____

2. _____

3. _____

2 Add Details. Read the sentences below. Then revise them on the lines provided to add details from the article "The Wedding Guest." You may need to add just a few words to a sentence, or you may need to add a sentence to what is already written.

1. Immigrants in the 1800s came from many countries.

2. The census counts the population. It tells a lot about us.

3. Immigrants have come for many reasons.

3 What Will You Write About? In Exercise 4, you will write a one-paragraph summary of the section of "The Wedding Guest" that deals with the history of immigration in the United States. To gather information for your summary, list information from paragraphs 7 through 10. Write the main idea in each paragraph on the lines below.

Paragraph 7: _____

_____

Paragraph 8: _____

_____

Paragraph 9: _____

_____

Paragraph 10: _____

_____

4 Write a One-Paragraph Summary. On a separate sheet of paper, write a paragraph that summarizes the section of the article that deals with the history of immigration in the United States.

When you write, remember to:

1. Prewrite: Reread the article and your list of main ideas. Add any important details that you think will help the reader understand the history of immigration.

2. Write an introduction: Tell what you are going to say about the history of immigration as explained in the article. This is your topic sentence. Make it the first sentence in your paragraph.

3. Build the body of your paragraph: Use your list of main ideas. Don't use a lot of details because a summary should tell just the most important information. But you will need some details, for example, you should say that the first immigrants were English and tell when they came. Be careful to choose important details.

4. Write a conclusion: Tell what you wrote about, but use different words.

Lesson 3

1 Use These Words and Phrases in Sentences. Use some of the words and phrases below to write three sentences about the article "Life with Multiples."

| baby strollers | fraternal twins | identical twins | older age | substitute parents |
| celebrities | hair and skin color | knack for music | quintuplets | unique personality |

1. _____
   _____

2. _____
   _____

3. _____
   _____

2 Add Details. Read the sentences below. Then revise them on the lines provided to add details from the article "Life with Multiples." You may need to add a few words to a sentence, or you may need to add a sentence to what is already written.

1. Genes carry information.
   _____
   _____

2. Even twins can be different.
   _____
   _____

3. It is expensive to have twins.
   _____
   _____

3 What Will You Write About? In Exercise 4, you will write a one-paragraph summary of the article "Life with Multiples." To gather information for your summary, list main ideas from the article.

> The article has 13 paragraphs, but you do not need to list the main idea of each paragraph.
> The first paragraph is the introductory paragraph of the article and tells you what the article is about. Paragraphs 7, 8, and 12 only add details about the main ideas of other paragraphs, so you don't need to include them.

1. Main idea of the article (introduction): _____
   _____

2. Copy this guide onto a separate sheet of paper. You will need one guide for each of the following paragraphs: 2, 3, 4, 5, 6, 9, 10, 11, and 13.

Paragraph __: Main Idea: _____
_____

4 Write a One-Paragraph Summary. On a separate sheet of paper, write a paragraph summarizing the article "Life with Multiples."

When you write, remember to:

1. Prewrite: Reread the article and your list of main ideas. Add any important details that you think will help the reader better understand the article.

2. Write an introduction: Tell what you are going to say about the article. This is your topic sentence. Make it the first sentence in your paragraph.

3. Build the body of your paragraph: Use your list of main ideas. Don't use a lot of details because a summary should tell just the most important information. But you will need some details, so be careful to choose important details.

4. Write a conclusion: Tell what you wrote about, but use different words.

Lesson 4

1 Use These Words and Phrases in Sentences. Use some of the words and phrases below to write three sentences about the story "Lunch with Grandma Janey."

| Alzheimer's disease | elaborate costumes | flashy outfit | prescription |
| behavior | exotic look | immune system | wooden cane |

1. _____

2. _____

3. _____

2 Combine the Sentences. Each set of the following sentences has a problem with commas. Rewrite and combine sentences to correct the problem.

> A common mistake in writing is to try combining sentences using only a comma. There are different ways to correct the problem. You can:
>
> - use a coordinating conjunction such as *and, but, or, nor, so, yet* and a comma to combine ideas.
> - use a subordinating conjunction such as *after, although, though, because, before, if, since, when* and a comma to combine ideas.
>
>   Grandma Janey wanted to make a point, she banged her cane.
>   **Because** Grandma Janey wanted to make a point**,** she banged her cane.

1. Grandma Janey was forgetful, she always complained about the food.
   _____

2. Alzheimer's disease attacks nerve cells, people begin to forget things.
   _____

3. Grandma Janey began forgetting her lines and acting confused. She stopped acting.

_____

_____

3 What Will You Write About? In Exercise 4, you will write a one-paragraph summary of the article "Lunch with Grandma Janey." Reread the story. Then answer the questions below.

> To write a summary means to tell the main points or big ideas about something. Answering *who, what, when, where, why,* and *how* about a story is often a good way to help you figure out the big ideas.

1. Who are the characters in the story? _____

_____

2. What is happening in the story? _____

_____

3. When is it taking place? _____

_____

4. Where is the story taking place? _____

_____

5. Why is the story taking place? _____

_____

6. How does the story end? _____

_____

4 Write a One-Paragraph Summary. On a separate sheet of paper, write a one-paragraph summary of the story "Lunch with Grandma Janey."

When you write, remember to:

1. Prewrite: Ask yourself the "Five W's and H" questions. The answers are what you will use to build your summary.

2. Write an introduction: Tell what you are going to write about. This is your topic sentence.

3. Build the body of your paragraph: Use the answers to your "Five W's and H" questions to build the main points of your summary.

4. Write a conclusion: Repeat the idea from your introduction, but use different words.

Lesson 5

1 Use These Words and Phrases in Sentences. Use some of the words and phrases below to write three sentences about information that you learned in "How to Spend Less and Have More Fun."

| cheerful space | financial trouble | practical ideas | second thoughts |
| credit card spending | planning ahead | redecorate | stressful and anxious |

1. _____

2. _____

3. _____

2 Combine the Sentences. Combine each set of sentences below to make one sentence.

1. Saving money can be hard, there are ways to save, you have to be willing to try.

   _____

2. Use a grocery list, you save money with a list, you don't buy things you don't need for the week's meals.

   _____

3. People try to not overspend, they can still get into trouble with debt, they buy on impulse.

   _____

3 What Will You Write About? In Exercise 4, you will write a three-paragraph summary of the section entitled, "Tips to Keep Your Family out of Financial Trouble." List the important information that will help you develop your summary.

> Because this is a special kind of article, it is easy to find the main idea of each paragraph. It is the sentence in bold type. But for an interesting summary, you also need an important detail or two, so list at least one important detail for each main idea.
>
> Paragraph 1: Main Idea: <u>Use what you have more efficiently.</u>
> Important Details: <u>Turn off what we aren't using. Buy new CFL light bulbs.</u>

1. What is the main idea of the section?
   _____
   _____

2. Copy this guide onto a separate sheet of paper. You will need one guide for each of the eight "Tips" paragraphs in the article. Then fill the guide, beginning with the paragraph entitled, "Use what you have more efficiently."

Paragraph __: Main Idea: _____

Important Details: _____
_____

4 Write a Three-Paragraph Summary. On a separate sheet of paper, write a three-paragraph summary of the section entitled, "Tips to Keep Your Family out of Financial Trouble."

> Writing a three-paragraph summary is like writing a one-paragraph summary. You first need to prewrite, by asking yourself the "Five W's and the H" questions. The answers are what you will use to build your three-paragraph summary. For the summary, you will need an introduction (paragraph 1), the body (paragraph 2), and the conclusion (paragraph 3).
>
> Paragraph 1, Introduction: Tell what you are going to write about. This is your topic sentence, or the main idea of the summary. Make it your first sentence.
>
> Paragraph 2, Body: State the main points of the piece you are summarizing, but use your own words. Don't write what the article says word for word. Add at least one important detail for each main point.
>
> > The first tip is to be more efficient in using electricity. We should turn off things we aren't using and buy new CFL lightbulbs.
>
> Paragraph 3, Conclusion: Tell what you wrote about and restate your point of view. Use different words.

Lesson 5

Lesson 6

1 Choose the Best Descriptive Words and Phrases. On the lines below on the left, write three descriptive words or phrases from the article "Voices from the Great Depression." Choose the ones that you think are the best. On the lines to the right of each word or phrase, tell why you think it is a good description.

> *Descriptive words and phrases* are special kinds of details. They describe something: either a person, a place, or a thing. Different kinds of words and phrases give different kinds of information.
>
> - Some descriptions tell how a person, place, or thing looks, smells, tastes, sounds, and feels, for example, *hot sun*. Other examples are *bright red* for look, *rotten* for smell, *sugary* for taste, and *booming* for sound. These are called **vivid words.**
> - **Specific words** name people, places, and things; for example, Studs Terkel uses the name of the person speaking instead of just saying, "the man" or "the woman." In your own writing, give as much detail as you can. Instead of just writing "store," tell the kind of store, such as *shoe store, supermarket,* or *bodega*.
> - Another way to make details more interesting is to use **action verbs**. Instead of writing "he went," try using an action word such as *ran, biked, drove, took the subway,* or *walked* instead.
>
> Using descriptive words and phrases tells more and makes your writing more interesting.

1. _____   _____

2. _____   _____

3. _____   _____

2 Combine the Sentences. Combine each set of sentences and run-on sentences to make one sentence.

> A run-on sentence is two or more complete ideas that run together. There are no clues like *and* and a comma, *although* and a comma, or a period to tell you where one idea ends and the other begins.
>
> Ben Isaacs struggled he couldn't pay the rent.
> **Although** Ben Isaacs struggled, he couldn't pay the rent.

1. "You're fired" is a TV joke today in the Great Depression it was very serious.

   _____

   _____

2. An empty milk bottle had value you could turn it in for a nickel it got you a ride on the subway.

   _____

   _____

3 What Will You Write About? In Exercise 4, you will write a three-paragraph description about life during the Great Depression. Brainstorm at least six words and phrases to help you build your paragraph. Reread the article to help you get started. The first one is done for you.

> Brainstorming is a way to come up with ideas to use in your writing. When you brainstorm, you write down everything that comes to mind about a topic. You don't think about the ideas as you write them, decide that some aren't good, and cross them out. You just write. You want to list as many ideas as you can. The more that you list, the more you will have to choose from when you plan your writing.

1. __heartbreaking__   3. _____   5. _____
2. _____   4. _____   6. _____

4 Write a Descriptive Paragraph. On a separate sheet of paper, answer this question: What was life like in the Great Depression?

> Like descriptive words, a descriptive paragraph tells how someone or something looks, feels, sounds, tastes, or smells. Using vivid words, specific names, and action verbs will help you paint a picture of the Great Depression for your reader.

When you write, remember to:

1. Prewrite: Think about what you have read. Brainstorm ways to describe the Great Depression. Choose at least three words and phrases to use to describe life in the Great Depression.

2. Write an introduction: Tell what you are going to write about. Include the three words or phrases that you are basing your description on.

3. Build the body of your paragraph: Write at least one sentence using each word or phrase. Then write at least one more sentence to give an example. For the phrase "heartbreaking for parents," you might explain that it was heartbreaking because they did not have money to buy food and that some families went on relief.

4. Write a conclusion: Tell what you wrote about, but use different words.

Lesson 6

Lesson 7

1 Choose the Best Descriptive Words and Phrases. On the lines on the left, write four descriptive words or phrases from the story "When John Quincy Adams Lost His Job." Choose the ones that you think are the best. On the lines to the right of each word or phrase, tell why you think it is a good description.

1. _____ _____

2. _____ _____

3. _____ _____

4. _____ _____

2 Combine the Sentences. Combine each set of sentences and run-on sentences below to make one sentence.

1. John Quincy Adams was defeated for president in 1828, he became depressed. He shut himself off from others.

2. Adams was defeated for president. He ran for Congress in 1830, he won.

3. Adams had fought slavery, many people paid their respects.

3 What Will You Write About? In Exercise 4, you will write a three-paragraph description of John Quincy Adams's personality. Brainstorm at least five words or phrases to describe Adams's personality. You are going to create a word picture of the kind of man Adams was.

- List at least at least five sets of words or phrases that describe Adams's personality.

Adams's Personality	Detail
1.	1.
2.	2.
3.	3.
4.	4.
5.	5.

- After you have brainstormed ideas, go back to the reading and find at least one detail to support each word or phrase.

4 Write a Three-Paragraph Description. On a separate sheet of paper, write a three-paragraph description of John Quincy Adams's personality.

When you write, remember to:

1. Prewrite: Think about what you have read. Brainstorm what Adams was like based on what you read about him. Choose at least three words and phrases to use to describe him. Be sure you have at least one detail to support each word and phrase you choose.

2. Paragraph 1, Introduction: Tell what you are going to write about. Include the three words or phrases that you are basing your description of Adams on.

3. Paragraph 2, Body: Write at least one sentence using each word or phrase. Then write at least one more sentence to give an example to support your picture of Adams's personality.

4. Paragraph 3, Conclusion: Tell what you wrote about, but use different words.

Lesson 8

1 Choose the Best Descriptive Words and Phrases. On the lines on the left, write three descriptive words or phrases from the article "Looking for a Job?" Choose the ones that you think are the best. On the lines to the right of each word or phrase, tell why you think it is a good description.

1. _____ _____

2. _____ _____

3. _____ _____

2 Combine the Sentences. Combine each set of sentences and sentence fragments below to make one sentence.

> A sentence must have a subject and a verb. The verb is the action word and tells what is happening. The subject tells who or what is acting. If there is no subject or no verb, it is a sentence fragment. Part of what makes words into a sentence is missing.
>
> **People** visiting online job sites.   **People visit** online job sites.
> subject no verb   subject verb
>
> **Visited** online job sites.   **I have visited** online job sites.
> verb   no subject   subject verb
>
> There is one kind of sentence in which the subject is not stated, but is understood to be "you." That is a sentence that tells a person to do something.
>
> Visit well-known career sites. Explore their lists of links and recommendations.

1. A job search is hard. Can feel impossible. Can take what seems like forever.

   _____

   _____

2. Telecommuters working from home. Reduce daily drives. Save money on gas. Helping the environment.

   _____

   _____

3 What Will You Write About? In Exercise 4, you will write a three-paragraph summary explaining how to search for a job.

- On a separate sheet of paper, create a table like the one below. You will need enough lines for at least five strategies. Note: Not all the paragraphs in the article discuss job search strategies.

Job Search Strategies	Details
1.	a. b. c
2.	a. b. c.

- After you have listed the strategies, add at least two details about each one. Remember to stick to the most important details because you are writing a summary.

4 Write a Three-Paragraph Summary. On a separate sheet of paper, write a three-paragraph summary of the strategies for finding a job in the article "Looking for a Job?"

When you write, remember to:

1. Prewrite: Think about what you have read. Choose at least three words and phrases from the article. Be sure you have at least one detail to support each word and phrase you choose.

2. Paragraph 1, Introduction: Tell what you are going to write about. This is your topic sentence. Make it your first sentence.

3. Paragraph 2, Body: State in your own words the main points—the strategies—that you are summarizing. Add at least two important details for each strategy.

4. Paragraph 3, Conclusion: Tell what you wrote about, but use different words.

Lesson 9

1 Try Your Hand at Using Details. Imagine that a job application asks you to write about yourself. Answer each question below in one or two sentences using as many details as you can.

1. What do you like to do in your spare time?
   _____
   _____

2. What weaknesses do you have that affect doing your job?
   _____
   _____

3. What strengths do you bring to a job?
   _____
   _____

4. What would you like to be doing in five years?
   _____
   _____

2 Combine the Sentences. Combine each set of sentences and sentence fragments to make one sentence.

1. Job interviews take several forms. They may include one-on-one or group interviews. They may also require a work sample.
   _____
   _____
   _____

2. I always find that a thank-you note is a good idea. It shows that you still are interested in the job. You are grateful for the time that people took with you.
   _____
   _____
   _____

3. Benefits are important. Getting health care, life insurance, paid holidays, and sick days. You should consider their value along with the salary.

3 What Will You Write About? In Exercise 4, you will write a three-paragraph expository essay about ways to create a good impression at a job interview. On a separate sheet of paper, list at least six ideas from that section of the article "Looking for a Job?" Then add at least one idea of your own to the list. Leave space for adding at least two details to each idea.

4 Write a Three-Paragraph Expository Essay. On a separate sheet of paper, write an expository essay of three paragraphs explaining how to create a good impression at a job interview.

> An expository essay is one that explains information. It may explain how to do something, how two things are the same or different, or how one thing causes something else to happen. In this essay, you are going to explain how to create a good impression at a job interview.

When you write, remember to:

1. Prewrite: First, think about what you are going to write. Reread your list, and choose at least three ideas. You can use more if you wish. Once you have decided on the ideas to use, add at least two details to those ideas.

2. Paragraph 1, Introduction: Write an introductory paragraph. Tell what you are going to write about.

3. Paragraph 2, Body: State each idea and use details to explain how that idea can help a person create a good impression at a job interview.

4. Paragraph 3, Conclusion: Use different words to tell what you wrote about.

Lesson 10

1 Choose the Best Descriptive Words and Phrases. On the lines on the left, write four descriptive words or phrases from "How to Avoid a Job." Choose the ones that you think are the best. On the lines to the right of each word or phrase, tell why you think it is a good description.

1. _____   _____

2. _____   _____

3. _____   _____

4. _____   _____

2 Combine the Sentences. Combine each set below to make one sentence. Correct comma faults, run-on sentences, and sentence fragments as you revise them.

1. Tom laughing to himself he couldn't believe his good luck. So many silly boys to trick.

2. Ben Rogers was the first boy to fall for Tom's trick, he couldn't wait to whitewash. He giving up his apple.

3. The boys gave up marbles, a piece of glass, a useless key, a doorknob, and many other things, seem like junk to me they were important to them.

3 What Will You Write About? In Exercise 4, you will write a three-paragraph expository essay to answer the question: How did Tom Sawyer get other boys to paint the fence for him? You can't just say that Tom tricked the other boys. You have to explain how he tricked them. To help you gather information and plan your essay, answer the "Five W's and H" questions listed below on a separate sheet of paper. Leave space to add details.

1. Who is in the story?
2. What happens in the story?
3. When does the story take place?
4. Where does the story take place?
5. Why does the action in the story take place?
6. How does Tom trick the other boys into whitewashing the fence?

4 Write a Three-Paragraph Expository Essay. On a separate sheet of paper, write a three-paragraph expository essay to answer the question: How did Tom Sawyer get other boys to paint the fence for him?

When you write, remember to:

1. Prewrite: First, think about what you are going to write. Reread the answers to the "Five W's and H" questions. Add more details if necessary to make the information more descriptive and interesting.
2. Paragraph 1, Introduction: Write an introductory paragraph. Tell what you are going to write about. Because this story is from a longer novel, include the author and the title of the novel in your opening.
3. Paragraph 2, Body: To answer the question, you need to explain how Tom tricked the other boys. Be sure to use details.
4. Paragraph 3, Conclusion: Use different words to tell what you wrote about.

Lesson 11

1 Try Your Hand at Using Details. The reading "Life on the Mississippi" describes a trip down the Mississippi River. Write three sentences on the lines below that describe a trip that you have taken. It can be a ride on a bus or a subway or a plane ride to visit family in another country.

1. _____

2. _____

3. _____

2 Add Transitions. Write a number from 1 through 7 next to each sentence below to show the correct time order in which the things happen in the story "Life on the Mississippi." Then use at least three of the transitions listed in the box to make the order clear.

> In retelling how something happened, it is important to tell it in the order in which it happened. Transitions connect one idea to another and make the order easier to understand. *First, second, third,* etc., are transitions. Other transitions that show time order are *after, after a while, afterward, at last, at once, before, during, finally, last, later, next, now, right away, soon,* and *then.*
>
> Henry lasted five terrible days. **Finally** on the evening of the sixth day, he died.

_____ Henry fell in the river.

_____ George rang to signal that full steam was needed.

_____ Fire broke out.

_____ Most people were asleep.

_____ Passengers began fighting for the safety of a wood boat.

_____ Henry swam back to the boat to help others.

_____ Four of the boilers exploded with a terrible noise.

3 What Will You Write About? In Exercise 4, you will write a paragraph to answer the question: What makes a hero? Think about Twain's brother, Henry. He was safe, but he turned around and went back to the ship to help others. Use the lines below to brainstorm at least six ideas about what makes a person a hero. Leave space to add details.

1. _____

2. _____

3. _____

4. _____

5. _____

6. _____

4 Write an Expository Paragraph. On a separate sheet of paper, write a paragraph to answer the question: What makes a hero?

When you write, remember to:

1. Prewrite: Brainstorm at least six ideas about what makes a person a hero. Choose at least three ideas to write about. Add details that you think will make your writing clearer and more interesting.

2. Write an introduction: Tell what you are going to say. Remember that this is your topic sentence and should be the first sentence in your paragraph.

3. Build the body of your paragraph: Write at least one sentence for each idea. Then add sentences to add details so your paragraph is both interesting and clear to your readers.

4. Write a Conclusion: Tell what you wrote about, but use different words.

Lesson 12

1 Choose the Best Descriptive Words and Phrases. On the lines on the left, write three descriptive words or phrases from the article "The Automobile Revolution." Choose the ones that you think are the best. On the lines to the right of each word or phrase, tell why you think it is a good description.

1. _____   _____
   _____

2. _____   _____
   _____

3. _____   _____
   _____

2 Add Transitions. Add a transition that shows cause and effect to each set of sentences below. Write the new sentences on the lines.

> The transitions *as a result, because, because of, consequently, on account of, so,* and *then* connect causes with their effects.
>
> The first cars cost a lot of money. **As a result,** few people could afford cars.
>   effect
>
> **Because** the first cars cost a lot of money, few people could afford cars.
>   cause

1. The first cars were very noisy. Horses were frightened of them.

   _____

   _____

2. Tires could blow out miles from help. Motorists carried blowout patches, French chalk, and tire irons.

   _____

   _____

3. More cars on the road resulted in more accidents. Getting a driver's license became harder and car inspections began.

   _____

   _____

3 What Will You Write About? In Exercise 4, you will write a four-paragraph expository essay explaining the causes and three of the effects of the automobile revolution. First, list the information for the essay. On a separate sheet of paper, create a table like the one below. Leave space to add details for each cause and effect. There are three causes explained in the article and five effects. Choose the three effects that will be easiest for you to explain.

Causes of the Automobile Revolution	Effects of the Automobile Revolution
1.	1.
2.	2.
3.	3.

4 Write a Four-Paragraph Expository Essay. Write a four-paragraph expository essay to answer the question: What are the causes of the automobile revolution, and what are three of its effects?

When you write, remember to:

1. Prewrite: Always read questions carefully. You have to name the causes AND three effects. Reread what you listed and add details if you need more.

2. Paragraph 1, Introduction: Tell what you are going to write about.

3. Paragraph 2, Body: Explain the causes in one paragraph. Write at least one sentence to add details for each cause.

4. Paragraph 3, Body: Explain the effects in the other paragraph. Write at least one sentence to add details for each effect.

5. Paragraph 4, Conclusion: Restate what you wrote about, but use different words. Tie up your ideas with some ending sentence, for example, "If there was no automobile revolution, we might still be riding horses."

Lesson 13

1 Try Your Hand at Using Details. Write a sentence for each phrase below. Use details to make it interesting.

1. being caught in a traffic jam: _____
   _____

2. falling in love: _____
   _____

3. looking for a job: _____
   _____

2 Add Transitions. Add transitions that show time order, cause, or effect to the sets of sentences below. Write the new sentences on the lines.

1. His aunt gave Richard a ring that had been his mother's. He was on his way to meet the young woman he loved.

   _____
   _____
   _____

2. The traffic jam kept Richard and the young woman in the cab for two hours. Richard was able to tell her how much he loved her.

   _____
   _____
   _____

3. Anthony Rockwall paid the drivers to create a traffic jam. He loved his son.

   _____
   _____
   _____

3 What Will You Write About? In Exercise 4, you will write a three-paragraph expository essay answering the question: Did Anthony Rockwall prove that money can buy love? Copy the following T-chart on a separate sheet of paper. You will need information from the story and your own ideas. Then state your opinion.

Did Anthony Rockwall prove that money can buy love?

Yes	No

My opinion: _____

_____

4 Write a Three-Paragraph Expository Essay. On a separate sheet of paper, write a three-paragraph expository essay explaining your opinion on the question: Did Anthony Rockwall prove that money can buy love?

When you write, remember to:

1. Prewrite: Reread your T-chart, and recheck your decision. Your essay has to state your opinion—what you think about the question.

> Your opinion must be a reasoned opinion. You need to support your opinion with information from the story and with your own knowledge. This knowledge can be based on what has happened to you or to someone that you know. Depending on what you are writing about, this knowledge might be based on facts that you know from some other sources like newspapers or TV news. BUT always base your opinion on knowledge.

2. Paragraph 1, Introduction: Tell what you are going to write about. Because this essay is about a story, give the name of the author and the title. State your opinion.

3. Paragraph 2, Body: Use the information from the story and what you know to build the body. Use the strongest information and knowledge to support your opinion. Add details as needed to make the information from the story and your ideas more interesting and complete.

4. Paragraph 3, Conclusion: Restate what you said in the introduction, but in different words.

Lesson 14

1 Choose the Best Descriptive Words and Phrases. On the lines on the left, write four descriptive words or phrases from the article "A Ride in Space." Choose the ones that you think are the best. On the lines to the right of each word or phrase, tell why you think it is a good description.

1. _____   _____

   _____

2. _____   _____

   _____

3. _____   _____

   _____

4. _____   _____

   _____

2 Add Transitions. Add transitions that compare and contrast information. Write the new sentences on the lines below.

> To compare means to look for the ways that people, places, or things are the same. To contrast means to look for the ways that people, places, or things are different. Transitions that show similarities and differences include:
>
> Comparison: *as well as, both, in common, in comparison, like, same, similar, too*
>
> Contrast: *although, but, however, in contrast, instead, on the other hand, unlike, yet*

1. The first Russian woman in space had little training. Ride had years of training.

   _____

   _____

2. Male astronauts received years of training. Ride spent years training for space.

   _____

   _____

3. Ride's family ate meals whenever they wanted. Many families eat dinner together.

   _____

   _____

3 What Will You Write About? In Exercise 4, you will write a three-paragraph essay answering the questions: Do you think that it was important that NASA sent a woman into space? Why or why not? Your opinion has to be based on facts, so you need to gather information to decide what you think. On a separate sheet of paper, create a T-chart like the one below. Fill it in with information from the article and your own ideas. Then decide.

Sally Ride's Trip into Space

Important	Not Important

My opinion: _____

_____

4 Write a Three-Paragraph Expository Essay. On a separate sheet of paper, answer the following: Do you think that it was important that NASA sent a woman into space? Why or why not?

When you write, remember to:

1. Prewrite: Reread your T-chart and your opinion. Does the information on the T-chart support your opinion? Do you need more information? Choose the three most important ideas to write about. These become the reasons to support your opinion.

2. Paragraph 1, Introduction: Tell what you are going to write about. List the reasons that support your opinion, but do not go into detail.

3. Paragraph 2, Body: Write at least two sentences about each reason that you chose to write about. Add details to make your reasons clearer. Use at least one transition that compares or contrasts information in the paragraph.

4. Paragraph 3, Conclusion: Restate what you wrote about in the body of the essay, but use different words. You might begin the paragraph by restating your opinion. Then give the reasons for your opinion.

Lesson 15

1 Choose the Best Descriptive Words and Phrases. On the lines on the left, write four descriptive words or phrases from the article "New York to France—in a Rowboat." Choose the ones that you think are the best. On the lines to the right of each word or phrase, tell why you think it is a good description.

1. _____   _____

2. _____   _____

3. _____   _____

4. _____   _____

2 Add Transitions. Add transitions that compare and contrast information. Write the new sentences on the lines below.

1. It is hard to believe. No one remembers the two men who rowed across the Atlantic.

2. Harbo and Samuelson wanted adventure. They almost died.

3. Early explorers wanted adventure. Harbo and Samuelson were looking for adventure.

4. No one remembers Harbo and Samuelson today. In their day, they were famous for a time.

3 What Will You Write About? In Exercise 4, you will write an essay to get a company to give money to help others. First, you need to decide what you want the money for. It could be to build a playground or a community garden, or to help a food pantry or a homeless shelter. Then brainstorm reasons the company should give money. Brainstorm at least five reasons, and then you can choose the best three reasons.

What you want money for: _____

1. _____
2. _____
3. _____
4. _____
5. _____

4 Write a Persuasive Paragraph. On a separate sheet of paper, write one paragraph to persuade a company to give money to help a good cause.

> The goal of persuasive writing is to get someone to do something. You want to get a company to give money. For the company to do this, it needs to know the reasons why it's a good idea and how it will help the company. Once you have figured out reasons, you use these reasons to build your paragraph.

When you write, remember to:

1. Prewrite: Reread the information you brainstormed and choose the three best reasons.

2. Write an introduction: Tell why you are writing this paragraph. This is your topic sentence, so make it the first sentence.

3. Build the body of your paragraph: Use the three reasons you chose to build the body of your paragraph. Write at least one sentence to explain each reason. Add details to make the reasons clear. Use the transitions *first*, *second*, and *third* as you add the reasons to the paragraph.

4. Write a conclusion: Restate the reason you are writing your paragraph.

Lesson 16

1 Try Your Hand at Using Details. Write a sentence about each phrase below. Make each sentence interesting by using details.

1. eating an apple: _____
   _____

2. making or eating dinner: _____
   _____

3. watching a TV or cable show: _____
   _____

2 Is It One or More Than One? Circle the correct singular or plural word from the list next to each sentence. Then rewrite the sentence correctly on the line below.

> The subject of a sentence is the person or thing that acts. The verb is the action. If the subject is singular, the verb must be singular. If the subject is plural, the verb must be plural. Sometimes *you* is the subject, but it is not written.
>
> <u>An apple a day keeps the doctor away</u>.   <u>Apples are good for you</u>.
>   singular   singular   plural plural
>
> Remember: Adding an *-s* to the verb makes it singular—not plural. The only time that you add *-s* to a verb is when you are talking about someone else or a thing like an apple.

1. Rosella Rice _____ that Johnny Appleseed _____ long hair and
                    writes/write   has/have
   a beard.
   _____

2. We _____ apple pies for holidays, and they always _____
         bakes/bake   disappears/disappear
   quickly.
   _____

3. Insects _____ apple trees no matter how hard farmers _____ to
   damages/damage   tries/try
   stop them.

   _____

3 What Will You Write About? In Exercise 4, you will write a persuasive paragraph explaining why studying is important. First, brainstorm at least five reasons why studying is important. Then choose the three best reasons. Choose ones that are good reasons and that you think you can explain easily.

1. _____
2. _____
3. _____
4. _____
5. _____

4 Write a Persuasive Paragraph. On a separate sheet of paper, write a persuasive paragraph to explain why studying is important.

When you write, remember to:

1. Prewrite: Reread the information you brainstormed and make sure that you chose the three best reasons.

2. Write an introduction: Write your topic sentence. This tells why you are writing this paragraph.

3. Build the body of your paragraph: Use your three reasons to build the body of your paragraph. Write at least one sentence to explain each reason. Add details to make the reasons clear. As you add each reason to your paragraph, use a transition that adds information to connect the new reason to what you have already written.

4. Write a conclusion: Restate the reason you are writing your paragraph.

Lesson 17

1 Is It One or More Than One? Use each of the verbs below in a sentence. Use details from the article "Digestive Disturbances" to make the sentences interesting. Make sure that the subject and verb are either both singular or both plural.

| causes | digests | eat | spread |

1. _____

2. _____

3. _____

4. _____

2 Use Pronouns in Sentences. Circle the correct personal pronoun in each set of pronouns next to each sentence. Then rewrite the sentence correctly on the lines below.

> *I, we, you, he, she, it, they, me, us, him, her,* and *them* are personal pronouns. They take the place of the proper names of people, places, and things. *I, we, you, he, she, it,* and *they* are the subject—the doer—of a sentence or clause. *Me, him, her,* and *them* are always the object of a sentence, clause, or preposition. In a sentence or clause, it is the person, place, or thing that something is done to.
>
> <u>It needs nutrients to digest food</u>.   <u>We need them to fight infections</u>.
>   subject   object

1. _____ and _____ share lunch sometimes, but
   He/Him   I/me
   _____ always use separate dishes and forks.
   we/us

2. _____ and Bill try hard to eat healthy food, but _____
   　　　She/Her　　　　　　　　　　　　　　　　　　　　　　　　　　　　they/them
   sometimes eat fast-food lunches.

   _____
   _____

3. Bill gave _____ and _____ the list of things
   　　　　　　　　she/her　　　　　　　　　　　　I/me
   _____ should do to stay healthy.
   　　　we/us

   _____
   _____

3 What Will You Write About? In Exercise 4, you will write a paragraph to persuade a friend to eat better to help his or her digestive problems. On a separate sheet of paper, create a table like the one below. Use it to gather information from the article.

1. Reason for writing the paragraph: _____

Poor Diet	Effects
1.	a. b.

4 Write a Persuasive Paragraph. On a separate sheet of paper, write a paragraph to persuade a friend to eat better to help his or her digestive problems.

When you write, remember to:

1. Prewrite: Reread your chart and choose at least three effects of a poor diet.

2. Write an introduction: Write your topic sentence. This tells why you are writing this paragraph.

3. Build the body of your paragraph. Use the three effects you chose to build the body of your paragraph. Write at least one sentence to explain each effect. Add details to make the effects clear. As you add each effect to your paragraph, use a transition that adds information to connect the new information to what you have already written.

4. Write a conclusion: Restate the reason you are writing your paragraph.

Lesson 18

1 Try Your Hand at Using Details. Describe the personality of each of the characters in "A Breakfast Scene" from the play *A Raisin in the Sun*. Use details from the scene to support your description.

1. Ruth: _____

2. Walter: _____

3. Travis: _____

2 Use Pronouns in Sentences. Circle the correct relative pronoun in each set of pronouns next to each sentence. Then rewrite the sentence correctly on the lines below.

> The relative pronouns *who, whom, what, which, whose,* and *that* introduce subordinate clauses that relate, or refer, to a word—a noun or pronoun—in the main clause. *Who* is always used as the subject of the subordinate clause, and *whom* is always used as the object of the subordinate clause or of a preposition in the subordinate clause. *Who* and *whom* always refer to people.
>
> <u>He sleeps on the couch that is in the living room.</u>
>   subject
>
> <u>Grandmama is the person whom they all respect.</u>
>   object (they respect whom)

1. Walter, _____ is worried about being late, hurries into the bathroom.
   who/which

2. Ruth puts the breakfast on the table _____ has Walter's paper on it.
   that/whose

3. Travis probably wonders _____ he can ask next for the fifty cents.
   who/whom

_____

3 What Will You Write About? In Exercise 4, you will write a three-paragraph essay explaining whether you think that Ruth and Walter have a good marriage. On a separate sheet of paper, create a T-chart like the one below. List examples and ideas based on the scene that show they have a good and not good marriage.

Ruth and Walter's Marriage

Good	Not Good

My opinion: _____

4 Write a Three-Paragraph Expository Essay. On a separate sheet of paper, answer the question: Do you think that Ruth and Walter have a good marriage? Why or why not?

When you write, remember to:

1. Prewrite: Reread your T-chart and your opinion. Do you have at least three examples and ideas to support your opinion? Are they strong enough to support your opinion?

2. Paragraph 1, Introduction: Tell what you are writing about. State your opinion and why you think this way. Do not go into detail yet.

3. Paragraph 2, Body: State each example or idea in a sentence. Write at least one sentence to explain each one. Use details to make the explanations interesting and clear. Use transitions that add information to connect each new example or idea to what you have written.

4. Paragraph 3, Conclusion: Restate your opinion. List again the examples or ideas that support your opinion. You might end with a sentence that pulls together the ideas in the essay. For example, you might say that you hope that the characters can stop fighting and think about their family.

Lesson 18   39

Lesson 19

1 Try Your Hand at Using Details. Write a sentence to describe each idea below. Use details to make each one as interesting as possible.

1. your favorite food: _____

   _____

2. what you eat for lunch: _____

   _____

3. your least favorite food: _____

   _____

2 Use Pronouns in Sentences. Circle the correct interrogative pronoun in each set of pronouns. Write it on the line for each sentence below. Then rewrite the sentence correctly on the lines.

> The interrogative pronouns *who, whose, whom, what,* and *which* are used to ask questions. *Who* and *whom* are used to ask about people. *Who* is always used as the subject of the verb, and *whom* is always used as the object of the verb or a preposition.
>
> Remember that questions always end with a question mark.
>
> <u>Who is Columbus?</u>   <u>Whom did he meet in the New World?</u>
>   subject   object

1. _____ is that fruit?
       What/Who

   _____

   _____

2. To_____ did he give the breakfast?
      who/whom/whose

   _____

   _____

3. _____ is that breakfast?
   Who/Whom/Whose

_____

_____

3 What Will You Write About? In Exercise 4, you will write an expository essay to answer the question: What is your favorite food? Why?

- On a separate sheet of paper, list at least four foods that you like. Reread your list and think about each one. Why do you like it? Could you write five or six sentences about it? Circle the food that you want to write about.

- Create a table like the one below to help you list details. Besides these five ideas, what other things do you know about the food that you could add to your list?

Looks	Smells	Feels to eat	Tastes	Sounds

My favorite food is: _____

4 Write a Three-Paragraph Expository Essay. On a separate sheet of paper, write an expository essay of three paragraphs to answer the question: What is your favorite food? Why?

When you write, remember to:

1. Prewrite: Reread your chart. Do you have at least three reasons why you like your favorite food?

2. Paragraph 1, Introduction: Tell what you are writing about. State your opinion and why this is your favorite food. Do not go into detail yet about your reasons.

3. Paragraph 2, Body: State each reason in a sentence. Write at least one sentence to explain each reason. Use details to make the explanations interesting and clear. Use transitions that add information to connect each new reason to what you have written.

4. Paragraph 3, Conclusion: Restate your opinion. List again the reasons that support your opinion. You might end with a sentence that ties up the ideas in the essay. For example, you might say that you think that if people try your favorite food, you know they'll like it.

Lesson 20

1 Try Your Hand at Using Details. Write a sentence about each person or thing from "The Wizard of Alabama" that is listed below. Use details to make the sentences clear and interesting.

1. George Washington Carver: _____

2. one use for peanuts: _____

3. why people called Carver a wizard: _____

2 Use Pronouns in Sentences. Write a sentence or question using each pronoun listed below.

1. question with *who*: _____

2. sentence with the personal pronoun *whom*: _____

3. sentence with the relative pronoun *who*: _____

4. question with *what*: _____

3 What Will You Write About? In Exercise 4, you will write a three-paragraph expository essay to answer the question: Why is George Washington Carver important? To begin, list on the lines below information from the article that supports the idea that Carver is important. List at least six facts. Look for just the main points.

1. _____

2. _____

3. _____

4. _____

5. _____

6. _____

4 Write a Three-Paragraph Expository Essay. On a separate sheet of paper, write a three-paragraph essay to answer the question: Why is George Washington Carver important?

When you write, remember to:

1. Prewrite: Reread your chart. Choose three reasons to support your opinion. Add at least two details to each reason.

2. Paragraph 1, Introduction: Tell what you are writing about. State your opinion and why Carver is important. Do not go into details yet about your reasons.

3. Paragraph 2, Body: State each reason in a sentence. Write at least two sentences to explain each reason. Use details to make the explanations interesting and clear. Use transitions that add information to connect each new reason to what you have written.

4. Paragraph 3, Conclusion: Restate your opinion. List again the reasons that support your opinion. You might end with a sentence that connects the ideas in the essay. For example, you might say that without George Washington Carver there might not be any peanut butter—and where would lunch be without peanut butter?

Review

1 List Descriptive Words and Phrases to Write About. Choose two people to write about. On the lines below, write their names. Then write four words and phrases about each person that describe him or her in some way. Use interesting words that paint a picture of each person.

Person A: _____	**Person B:** _____
1. _____	1. _____
2. _____	2. _____
3. _____	3. _____
4. _____	4. _____

2 Use Descriptive Words and Phrases in Sentences. Use the words and phrases from Exercise 1 above to write four sentences about each person.

Person A: _____

1. _____
2. _____
3. _____
4. _____

Person B: _____

1. _____
2. _____
3. _____
4. _____

3 What Will You Write About? Brainstorm how to prepare for a job interview.

Write each idea on a new line.

_____
_____
_____
_____
_____
_____

4 Put Sentences in Correct Time Order. Reread the ideas that you brainstormed in Exercise 3. Rewrite the ideas as sentences, and put them in the correct time order on the lines below. Use at least three transitions that show time order.

_____
_____
_____
_____
_____
_____
_____
_____
_____
_____
_____
_____
_____
_____
_____

5 Write a Three-Paragraph Summary. On a separate sheet of paper, write a three-paragraph summary of the scene from *A Raisin in the Sun* that you read in the student book. Be sure to answer the "five W's and H" questions first so you have ideas to write about.

6 Write a Three-Paragraph Expository Essay. On a separate sheet of paper, write a three-paragraph essay that answers the question below. Be sure to brainstorm ideas first.

What do you like to do in your spare time? Why?

7 Write a Descriptive Paragraph. On a separate sheet of paper, write a paragraph that describes the clothes of your instructor or those of a person sitting near you in class. You may choose the person who is sitting to your right or left, ahead of you, or behind you. Be sure to list details before you begin.

8 Write a Persuasive Paragraph. On a separate sheet of paper, write a paragraph to persuade a friend to eat healthy food. Be sure to brainstorm ideas first to support your opinion.

When you have finished writing your summary, essay, and paragraphs, review the grammar and punctuation rules on the next page. Then reread what you wrote. Correct any problems that you may find. Make a clean copy of each piece that you wrote.

Some Rules to Help You Avoid Common Problems in Writing

Sentence Combining

- A comma by itself can't combine parts of a sentence. Use a conjunction such as *and, but, or, nor, so, yet* and a comma to combine sentences.
- Use a comma after the first clause in a sentence that is introduced by conjunctions such as *after, although, though, because, before, if, since,* and *when.*
- If *after, although, though, because, before, if, since,* or *when* is used to begin a clause that is not the first clause in a sentence, a comma is not needed before the clause.
- Clauses need a comma and a conjunction to combine them into one sentence. Or they can be split into two sentences with a period at the end of each.
- A sentence must have a subject and a verb. Without either one, there is no sentence.

Transitions

- Transitions connect one idea to another and make it easier to see how ideas are related.
- Transitions that show time order are *after, after a while, afterward, at last, at once, before, during, finally, last, later, next, now, right away, soon, then,* and *first, second, third,* etc.
- Transitions that add information are *along with, also, another, as well as, besides, finally, for example, in addition, last, next,* and *first, second, third,* etc.
- The transitions *as a result, because, because of, consequently, on account of, so,* and *then* connect causes with their effects.
- Transitions that show similarities and differences include: Comparison: *as well as, both, in common, in comparison, like, same, similar,* and *too.* Differences: *although, but, however, in contrast, instead, on the other hand, unlike,* and *yet.*

Sentences

- Sentences, including questions, begin with capital letters.
- A period (.) is used at the end of sentences.
- A question mark (?) ends a question.
- An exclamation point (!) is used at the end of a sentence that shows strong emotion.

Pronouns

- Personal pronouns take the place of proper nouns. *I, we, you, he, she, it,* and *they* are used as subjects of sentences and clauses. *Me, him, her,* and *them* may be used as objects of verbs or prepositions.

- The relative pronouns *who, whom, what, which, whose,* and *that* introduce subordinate clauses that refer to a noun or pronoun in the main clause. *Who* is always used as the subject of the subordinate clause, and *whom* is always used as the object of the subordinate clause or of a preposition in the subordinate clause. *Who* and *whom* always refer to people.

- The interrogative pronouns *who, whose, whom, what,* and *which* are used to ask questions. *Who* and *whom* are used to ask about people. *Who* is always used as the subject of the verb, and *whom* is always used as the object of the verb or a preposition.

STUDENT ACTIVITIES MANUAL ANSWER KEY

PANORAMA
Introducción a la lengua española

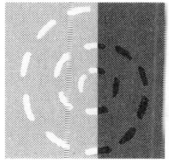 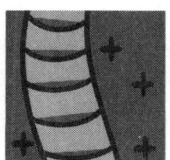 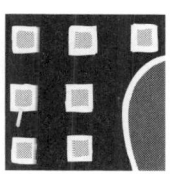

Blanco • Dellinger • Donley • García

VISTA
HIGHER LEARNING

Boston, Massachusetts

Copyright © 2002 by Vista Higher Learning, a division of Hispanex, Inc.

All rights reserved.

No part of this work may be reproduced of distributed in any form or by any means, electronic or mechanical, including photocopying and recording, or by any information storage or retrieval system without prior written permission from Vista Higher Learning, 205 Portland Street, Boston, MA 02114.

ISBN 1-931100-90-X

10 9 8 7 6 5 4 3 2 1

Contenido

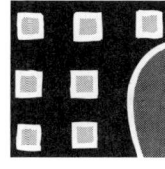

ANSWERS TO **WORKBOOK** ACTIVITIES

INTRODUCTION
Lección 1	1
Lección 2	3
Lección 3	5
Repaso Lecciones 1-3	6
Lección 4	7
Lección 5	9
Lección 6	11
Repaso Lecciones 4-6	12
Lección 7	13
Lección 8	15
Lección 9	17
Repaso Lecciones 7-9	18
Lección 10	19
Lección 11	22
Lección 12	25
Repaso Lecciones 10-12	27
Lección 13	28
Lección 14	31
Lección 15	34
Repaso Lecciones 13-15	36

ANSWERS TO **LABORATORY** ACTIVITIES
Lección 1	37
Lección 2	38
Lección 3	39
Lección 4	40
Lección 5	41
Lección 6	42
Lección 7	43
Lección 8	44
Lección 9	45
Lección 10	46
Lección 11	47
Lección 12	48
Lección 13	49
Lección 14	50
Lección 15	51

ANSWERS TO **VIDEO** ACTIVITIES — 52

answers to workbook activities — Lección 1

contextos

1 1. Me llamo Pepe. 2. Nada. 3. Soy de Ecuador. 4. Nos vemos. 5. Muy bien, gracias. 6. El gusto es mío. 7. Encantada. 8. De nada.

2 1. está 2. usted 3. Muy 4. cómo 5. Le 6. gusto 7. es 8. mío 9. eres 10. Soy 11. de 12. Hasta 13. vemos 14. Adiós/Chau

3 1. Qué 2. Hasta 3. Mucho 4. presento 5. Cómo 6. Buenos 7. gusto 8. vemos **Saludos:** ¿Qué pasa?, ¿Cómo estás?, Buenos días. **Despedidas:** Hasta luego, Nos vemos. **Presentaciones:** Mucho gusto., Te presento a Irene., El gusto es mío.

4 1. Estados Unidos 2. México 3. Ecuador 4. Puerto Rico 5. España

5 1. Buenos días. 2. Regular 3. Washington 4. Muchas gracias. 5. ¿De dónde eres? 6. Chau.

estructura

1.1 Estructura

1 **Masculino:** el hombre, el pasajero, el chico, el profesor **Femenino:** la profesora, la chica, la mujer, la conductora, la pasajera

2 1. el 2. la 3. los 4. el 5. las 6. la 7. el 8. el 9. las 10. los

3 1. una capital 2. unos días 3. unos cuadernos 4. un número 5. unas computadoras 6. una escuela 7. un mapa 8. unos programas 9. un autobús 10. unas palabras

4 1. los turistas, unos turistas 2. la foto, una foto 3. el pasajero, un pasajero 4. las maletas, un maletas

1.2 Estructura

1 1. (*horizontal*) veinticinco 1. (*vertical*) veintidós 2. nueve 3. catorce 4. cero 5. once 6. veinte 7. diez 8. dieciséis 9. siete 10. ocho 11. cuatro 12. trece

2 1. Hay tres diccionarios. 2. Hay doce estudiantes. 3. Hay diez lápices. 4. Hay siete maletas. 5. Hay veinticinco palabras. 6. Hay veintiún países. 7. Hay trece grabadoras. 8. Hay dieciocho pasajeros. 9. Hay quince computadoras. 10. Hay veintisiete pasajeros.

1.3 Estructura

1 1. usted, él 2. ustedes, ellas 3. ustedes, ellos 4. usted, ella 5. tú, él 6. usted, él 7. ustedes, ellas 8. usted, él 9. ustedes, ellos 10. usted, ella

2 1. son 2. somos 3. es 4. es 5. soy 6. es 7. eres 8. son

3 1. son estudiantes. 2. es de Puerto Rico. 3. son conductores. 4. eres estudiante. 5. somos del Ecuador. 6. soy profesora. 7. es de España. 8. son de México.

4 1. Es el diccionario del estudiante. 2. Son los cuadernos de las chicas. 3. Es la mano de Manuel. 4. Son las maletas de la turista. 5. Son los mapas de los profesores. 6. Es el autobús del conductor. 7. Son los lápices de la joven. 8. Es la fotografía de los chicos. 9. Es la computadora de la directora. 10. Es el país de Daniela.

5 1. Lina y María son de Colombia. 2. El profesor es de México. 3. Tú y los jóvenes son de Argentina. 4. Las estudiantes son de Estados Unidos. 5. Ellos son de/del Ecuador. 6. La mujer es de Puerto Rico. 7. Los turistas son de España. 8. Él y yo somos de Chile. 9. Nosotras somos de Cuba. 10. Usted es de Venezuela.

6 1. ¿De quién son los lápices? 2. ¿De dónde es Lilia? 3. ¿Qué es? 4. ¿Quiénes son ellas?

1.4 Estructura

1 1. Son las cinco menos cuarto/quince. 2. Son las doce y siete. 3. Son las ocho menos dos. 4. Son las dos y cuarto/quince. 5. Son las seis y media. 6. Es la una y veinte.

2 1. Son las cuatro menos veinte de la tarde. 2. Son las seis (en punto) de la mañana. 3. Son las nueve y cuarto/quince de la noche. 4. Son las doce del mediodía. 5. Es la una y diez de la tarde. 6. Son las once menos cuarto/quince de

Lección 1

la mañana. 7. Son las cinco y cinco de la tarde. 8. Son las doce menos diez de la noche. 9. Es la una y media de la mañana. 10. Son las diez (en punto) de la noche.

3 1. La clase de biología es a las nueve menos cuarto/quince de la mañana. 2. La clase de cálculo es a las once (en punto) de la mañana. 3. El almuerzo es al mediodía/a las doce. 4. La clase de literatura es a las dos (en punto) de la tarde. 5. La clase de yoga es a las cuatro y cuarto/quince de la tarde. 6. El programa especial es a las diez y media (treinta) de la noche.

síntesis

Answers will vary.

panorama

1 1. Cierto. 2. Falso. Hay más hispanos en Texas que en Illinois. 3. Cierto. 4. Falso. La ciudad de Estados Unidos con la mayor población hispana es Nueva York. 5. Cierto. 6. Cierto. 7. Falso. Los tacos, las enchiladas y los burritos son platos mexicanos. 8. Cierto. 9. Falso. Un barrio cubanoamericano importante de Miami se llama la Pequeña Habana. 10. Cierto.

2 1. cañaveral 2. tierra de flores 3. montaña 4. de color rojo 5. tormenta de nieve

3 1. San Antonio; 650,000 hispanos
2. Los Ángeles; 1.7 millones de hispanos
3. Chicago; 750,000 hispanos 4. Nueva York; 2.2 millones de hispanos

4 1. puertorriqueño 2. mexicano 3. cubano 4. mexicano 5. mexicano

Lección 2

contextos

1 1. cafetería 2. geografía 3. materias 4. laboratorio 5. ciencias 6. clase

2 **Horizontal:** física, español, economía, arte, prueba, clase, ciencias, periodismo, horario, humanidades
Vertical: sociología, tarea, química, biología, inglés

3 1. martes 2. viernes 3. jueves 4. martes 5. miércoles 6. domingo 7. lunes 8. sábado 9. viernes 10. domingo

4 1. ciencias 2. horario 3. examen 4. arte 5. computación 6. laboratorio 7. biblioteca 8. geografía

estructura

2.1 Estructura

1 1. canto, cantas, canta, cantamos, cantan 2. preguntar, preguntas, pregunta, preguntamos, preguntan 3. contestar, contesto, contesta, contestamos, contestan 4. practicar, practico, practicas, practicamos, practican 5. desear, deseo, deseas, desea, desean 6. llevar, llevo, llevas, lleva, llevamos

2 1. viajan 2. hablamos 3. llegan 4. dibujo 5. compra 6. regresan 7. termina 8. buscas

3 1. regresamos 2. toman 3. esperan 4. conversas 5. trabaja 6. busco 7. compran 8. enseña

4 1. Una estudiante desea hablar con su profesora de biología. 2. Mateo baila en la cafetería de la universidad. 3. Los profesores contestan las preguntas de los estudiantes. 4. (Nosotros) Esperamos viajar a Madrid. 5. Ella habla de la economía con su compañera de cuarto. 6. (Yo) Necesito practicar los verbos en español.

5 1. Juanita y Raúl no trabajan en la biblioteca. 2. El conductor no llega al mediodía. 3. No deseo comprar tres cuadernos. 4. El estudiante no espera a la profesora 5. No estudiamos a las seis de la mañana. 6. (Tú) No necesitas usar la computadora.

6 1. Sí, estudio ciencias en la universidad./No, no estudio ciencias en la universidad. 2. Sí, converso mucho con los compañeros de clase./No, no converso mucho con los compañeros de clase. 3. Sí, espero estudiar administración de empresas./No, no espero estudiar administración de empresas. 4. Sí, necesito descansar después de los exámenes./No, no necesito descansar después de los exámenes. 5. Sí, compro los libros en la librería./No, no compro los libros en la librería. 6. Sí, escucho música jazz./No, no escucho música jazz.

2.2 Estructura

1 1. ¿Son Uds. de Puerto Rico?/¿Son de Puerto Rico Uds.? 2. ¿Dibuja el estudiante un mapa?/¿Dibuja un mapa el estudiante? 3. ¿Llegan en autobús los turistas?/¿Llegan los turistas en autobús? 4. ¿Termina la clase a las dos de la tarde?/¿Termina a las dos de la tarde la clase? 5. ¿Trabaja Samuel en la biblioteca?/¿Trabaja en la biblioteca Samuel? 6. ¿Ven los chicos un programa de televisión?/¿Ven un programa de televisión los chicos? 7. ¿Enseña el profesor Miranda la clase de humanidades?/¿Enseña la clase de humanidades el profesor Miranda? 8. ¿Compra Isabel cinco libros de historia?/¿Compra cinco libros de historia Isabel? 9. ¿Estudian Mariana y Javier para el examen?/¿Estudian para el examen Mariana y Javier? 10. ¿Conversan ellas en la cafetería de la universidad?/¿Conversan en la cafetería de la universidad ellas?

2 1. ¿Adónde caminan Paco y Rosa? 2. ¿De dónde es el profesor de español? 3. ¿Cuántos estudiantes hay en la clase? 4. ¿Quién es el compañero de cuarto de Jaime? 5. ¿Dónde es la clase de física? 6. ¿Qué lleva Julia? 7. ¿Cuándo termina el programa de televisión? 8. ¿Por qué estudias/estudia biología?

3 1. ¿Canta Sara en el coro de la universidad?, ¿Canta en el coro de la universidad Sara?, Sara canta en el coro de la universidad, ¿no?, Sara canta en el coro de la universidad, ¿verdad?

Lección 2

2. ¿La estudiante busca el libro de arte?, ¿Busca el libro de arte la estudiante?, ¿Busca la estudiante el libro de arte?, La estudiante busca el libro de arte, ¿verdad? ¿no? 3. ¿La profesora Gutiérrez enseña contabilidad?, ¿Enseña la profesora Gutiérrez contabilidad?, La profesora Gutiérrez enseña contabilidad, ¿no?, La profesora Gutiérrez enseña contabilidad, ¿verdad? 4. ¿Necesitan Uds. hablar con el profesor de economía?, ¿Necesitan hablar con el profesor de economía Uds.?, Uds. necesitan hablar con el profesor de economía, ¿no?, Uds. necesitan hablar con el profesor de economía, ¿verdad?

4 1. Dónde 2. Cuándo 3. De dónde 4. Cuántos 5. Adónde 6. Qué 7. Por qué 8. Quién

2.3 Estructura

1 1. Cristina y Bruno están en el estadio. 2. La profesora y el estudiante están en la clase. 3. La puerta está al lado de/a la derecha de/cerca de la ventana. 4. La mochila está debajo de la pizarra. 5. El pasajero está en el autobús. 6. José Miguel está en el laboratorio.

2 1. Los libros están cerca del escritorio. 2. Uds. están al lado de la puerta. 3. El diccionario está entre las computadoras. 4. Los lápices están sobre el cuaderno. 5. El estadio está lejos de las residencias. 6. Las mochilas están debajo de la mesa. 7. Tú estás en la clase de psicología. 8. El reloj está a la derecha de la ventana. 9. Rita está a la izquierda de Julio.

3 1. está 2. están 3. son 4. es 5. Son 6. estamos

4 1. Estás 2. estoy 3. está 4. está 5. está 6. está 7. está

5 1. estás 2. es 3. eres 4. Soy 5. eres 6. Soy 7. está 8. Está 9. es 10. Es 11. es 12. Son 13. está 14. está

2.4 Estructura

1 1. siete, setenta y seis, setenta y siete, noventa y nueve 2. cinco, cuarenta y tres, treinta y uno, sesenta y dos 3. cuatro, ochenta y tres, cuarenta y siete, cuarenta y cinco 4. tres, cincuenta y dos, cincuenta, setenta y tres 5. ocho, ochenta y ocho, setenta y cinco, cuarenta 6. cinco, sesenta y seis, treinta y ocho, cincuenta y siete 7. cuatro, noventa y dos, sesenta, treinta y tres 8. siete, ochenta, cincuenta y siete, setenta

2 1. Hay sesenta y seis mapas. 2. Hay treinta y una mochilas. 3. Hay cuarenta y tres diccionarios. 4. Hay cincuenta cuadernos. 5. Hay ochenta y cinco plumas. 6. Hay noventa y un lápices. 7. Hay treinta computadoras. 8. Hay setenta y dos grabadoras.

3 1. treinta y cinco 2. cuarenta y tres 3. sesenta y cinco 4. ochenta y dos 5. cuarenta y siete 6. cincuenta y tres

síntesis

Answers will vary.

panorama

1 1. Madrid 2. Salamanca 3. Valencia 4. Barcelona 5. Buñol 6. Sevilla

2 1. Cierto. 2. Cierto. 3. Falso. Las monedas de España son la peseta y el euro. 4. Cierto. 5. Falso. La Tomatina es un festival donde se tiran tomates./La paella es uno de los platos más deliciosos de España. 6. Cierto.

3 1. Mar Cantábrico 2. Pirineos 3. Barcelona 4. Madrid 5. Valencia 6. Sevilla 7. Estrecho de Gibraltar 8. Mar Mediterráneo

4 1. astronauta 2. escritora y periodista 3. director de cine 4. escritor 5. tenista 6. pintor

5 1. Baleares 2. idiomas 3. europea 4. Prado 5. Goya 6. *Las meninas* Aeropuerto: Barajas

6 1. la bandera de España 2. la paella 3. el flamenco 4. la Sagrada Familia

Lección 3

contextos

1 1. Juan Carlos y Sofía son los abuelos de Pilar. 2. Pilar es la hija de Ana María y Luis Miguel. 3. Eduardo es el esposo de Raquel. 4. José Antonio y Ramón son los hermanos de Concha. 5. Raquel es la tía de Pilar. 6. Concha, José Antonio y Ramón son los primos de Pilar. 7. Ana María es la cuñada de Raquel. 8. Joaquín es el yerno de Ana María y Luis Miguel.

2 1. hijastra 2. nieto 3. artista 4. novio 5. tíos 6. amiga

3 **Horizontales:** 3. sobrino 4. madrastra 6. nieto 7. cuñado 8. programador 10. abuela 11. familia 12. hermanastro 15. médico 16. hijos 17. gente 18. hijastra **Verticales:** 1. periodista 2. amigos 4. muchachos 5. yerno 8. primo 9. parientes 13. artistas 14. tío

estructura

3.1 Estructura

1 1. La profesora de historia es alta. 2. David y Simón son guapos. 3. El artista es simpático. 4. Esas muchachas son delgadas. 5. El abuelo de Alberto es viejo. 6. La programadora es trabajadora.

2 1. buenos 2. alto, guapo 3. bajas, delgadas 4. morenos, pelirroja 5. inteligentes, trabajadoras 6. simpáticos, tontos

3 1. No, es simpático. 2. No, son rubias. 3. No, es guapa/bonita. 4. No, son jóvenes. 5. No, son buenos. 6. No, es feo.

4 1. Ling y Sammo Hung son de Pekín. Son chinos. 2. Pierre y Marie Lebrun son de Montreal. Son canadienses. 3. Luigi Mazzini es de Roma. Es italiano. 4. Elizabeth Mitchell es de Londres. Es inglesa. 5. Roberto Morales es de Madrid. Es español. 6. Andrés y Patricia Padilla son de Quito. Son ecuatorianos. 7. Paula y Cecilia Robles son de San Juan. Son puertorriqueñas. 8. Conrad Schmidt es de Berlín. Es alemán. 9. Antoinette y Marie Valois son de París. Son francesas. 10. Marta Zedillo es de Guadalajara. Es mexicana.

4 1. buena 2. buen 3. buena 4. buenos 5. mala 6. mal 7. mala 8. malas 9. gran 10. grandes 11. grande 12. gran

3.2 Estructura

1 1. Sí, es su mochila. 2. Sí, es tu clase de español. 3. Sí, son sus papeles. 4. Sí, es su diccionario. 5. Sí, es mi novia. 6. Sí, son nuestros lápices.

2 1. mis 2. su 3. sus 4. tu 5. sus 6. mi

3 1. ¿Cuál es el problema de ella? 2. Trabajamos con la madre de ellos. 3. ¿Dónde están los papeles de Uds.? 4. ¿Son las plumas de ella? 5. ¿Quiénes son los compañeros de cuarto de él? 6. ¿Cómo se llaman los sobrinos de Ud.?

4 1. Mi 2. Sus 3. tu 4. Nuestros 5. su 6. mis 7. su 8. Nuestra

5 1. Son sus sillas. 2. Es tu mochila. 3. Es nuestra mesa. 4. Es mi maleta. 5. Son sus lápices. 6. Es su grabadora.

6 1. Mi padre es alto y moreno. 2. Tus/Sus papeles están en el escritorio. 3. Su escuela es pequeña y vieja. 4. Nuestros amigos son puertorriqueños. 5. Tu tarea está en la mesa. 6. Sus hermanos son simpáticos.

3.3 Estructura

1 1. lees 2. Leo 3. viven 4. vivimos 5. comen 6. como, come 7. debemos 8. deben 9. Escribes 10. escribo

2 1. (Nosotros) Escribimos muchas composiciones en la clase de literatura. 2. Esteban y Luisa aprenden a bailar el tango. 3. ¿Quién no comprende la lección de hoy? 4. (Tú) Debes comprar un mapa de Quito. 5. Ellos no reciben muchas cartas de sus padres. 6. (Yo) Busco una foto de mis primos.

3 1. corres 2. asisto 3. Aprende 4. comprendo 5. comen 6. leemos

4 1. Ellos creen que la lección 3 es fácil. 2. La gente come hamburguesas en la cafetería. 3. Aprendo a hablar, leer y escribir en la clase de español. 4. Escribes en tu diario todos los días. 5. Víctor comparte sus problemas con sus padres. 6. Vivimos en una residencia interesante y bonita.

Lección 3

5 1. Nosotros comemos en la cafetería. Yo abro una ventana. 3. Mirta lee un libro. 4. Los estudiantes aprenden a dibujar.

3.4 Estructura

1 1. vienen 2. Vienes 3. tenemos 4. viene 5. tengo, tiene 6. Tienen 7. tienen 8. viene, vengo 9. venimos 10. tienes 11. tengo 12. vienen

2 1. Los estudiantes tienen miedo de tomar el examen de química. 2. Las turistas tienen prisa por llegar al autobús. 3. Mi madre tiene razón siempre. 4. Vienes a la cafetería cuando tienes hambre. 5. Tengo frío en la biblioteca porque abren las ventanas. 6. Rosaura y María tienen ganas de mirar la televisión. 7. Nosotras tenemos cuidado con el sol. 8. David toma mucha agua cuando tiene sed.

3 1. tienen miedo 2. tener cuidado 3. tengo que 4. tenemos ganas 5. tiene razón 6. tienes (mucha) suerte

síntesis

Answers will vary.

panorama

1 1. Falso. El Ecuador tiene aproximadamente el área de Colorado. 2. Falso. Colombia y Perú limitan con el Ecuador. 3. Cierto. 4. Cierto. 5. Falso. 4.000.000 de ecuatorianos hablan lenguas indígenas. 6. Falso. Rosalía Arteaga fue vicepresidenta del Ecuador. 7. Cierto. 8. Oswaldo Guayasamín fue un pintor, muralista y escultor ecuatoriano famoso.

2 1. Río Esmeraldas 2. Quito 3. Portoviejo 4. Cordillera de los Andes 5. Guayaquil 6. Cuenca 7. Colombia 8. Río Napo 9. Volcán Cotopaxi 10. Perú

3 1. cuidad de Quito 2. volcán Cotopaxi 3. catedral de Guayaquil

4 **Suggested answers:** 1. La moneda del Ecuador se llama sucre. 2. Los ecuatorianos hablan español, quichua y otras lenguas indígenas. 3. Las islas Galápagos son un verdadero tesoro ecológico porque las plantas y animales de las islas son diferentes de las especies que viven en el continente/porque las plantas y animales evolucionaron de una manera diferente. 4. Muchos turistas vienen para visitar las islas Galápagos, hacer *trekking* y escalar montañas. 5. El estilo artístico de Guayasamín es expresivo. 6. Los indígenas hacen los tejidos. 7. Ellos tejen bolsas, cinturones y tapices. 8. No, cada pueblo usa colores, figuras y diseños diferentes.

repaso lecciones 1-3

1 1. son 2. está 3. son 4. Soy, estás 5. está 6. está

2 **Carmen:** médica, cincuenta y uno, ecuatoriana **Gloria:** artista, treinta y dos **David:** conductor, cuarenta y cinco, canadiense **Ana:** treinta y siete, española

3 1. ¿Cómo está usted, Sra. Rodríguez? 2. El/La estudiante llega a la gran biblioteca a las cinco y media (treinta) de la tarde. 3. Hay quince cuadernos sobre el escritorio. 4. El nieto de Inés aprende español en la escuela. 5. La conductora del autobús no es antipática. 6. El abuelo de Lisa tiene setenta y dos años.

4 1. La clase de contabilidad es a las doce menos cuarto/quince de la mañana. ¿Es a las doce menos cuarto/quince de la mañana la clase de contabilidad?/¿Es la clase contabilidad a las doce menos cuarto/quince de la mañana? 2. Su tía favorita tiene treinta y cinco años. ¿Tiene treinta y cinco años su tía favorita?/¿Tiene su tía favorita treinta y cinco años? 3. Tu profesor de biología es de México. ¿Es de México tu profesor de biología?/¿Es tu profesor de biología de México? 4. La biblioteca está cerca de la residencia estudiantil. ¿Está cerca de la residencia estudiantil la biblioteca?/¿Está la biblioteca cerca de la residencia estudiantil?

5 1. Pequeña Habana 2. mexicano 3. España 4. quichua

6 Answers will vary.

Lección 4

contextos

1 1. el tenis 2. la natación 3. el golf 4. el ciclismo 5. el esquí 6. el fútbol americano

2 1. trabajar 2. descansar 3. películas 4. museo 5. tenis 6. aficionado/a

3 **Deportes:** fútbol, béisbol, baloncesto **Lugares:** restaurante, montañas, gimnasio **Personas:** aficionado/a, jugador(a), excursionista

4 1. escala 2. jugador 3. equipo 4. practica 5. escribe 6. esquí 7. fin de semana 8. bucean 9. leo 10. visitamos

estructura

4.1 Estructura

1 1. Vamos 2. vamos 3. van 4. voy 5. voy 6. voy 7. vamos 8. voy 9. va 10. va 11. vamos

2 1. Mi primo va a casa de mis/sus abuelos los fines de semana. 2. Los estudiantes van a la librería a comprar unos cuadernos. 3. (Tú) Vas a la residencia estudiantil a buscar la mochila. 4. (Yo) Voy al estadio a practicar hockey. 5. (Nosotras) Vamos al museo de ciencias en autobús. 6. Mario y tú van mucho al cine.

3 1. Ana va al laboratorio hoy. 2. Mis amigos van a bailar mañana. 3. Voy a la clase de música a las once menos cuarto. 4. José va a viajar a Boston en septiembre. 5. Voy a leer el correo electrónico en la residencia estudiantil. 6. El novio de Silvia va a nadar en la piscina. 7. El autobús número diez va al parque municipal. 8. Voy a trabajar en la biblioteca los sábados.

4 1. La familia García va a ir al parque. 2. Los jugadores van a ganar el partido. 3. Los excursionistas van a escalar montañas. 4. Gisela va a leer su correo electrónico. 5. (Tú) Vas a decidir ir al laboratorio de química. 6. Mis compañeros de clase y yo vamos a visitar la biblioteca del Congreso en Washington, D.C. 7. El profesor de historia va a preparar un examen difícil. 8. (Yo) Voy a escribir postales a mi novio/a.

4.2 Estructura

1 1. piensa 2. pierde 3. vuelve 4. repiten 5. dormimos 6. cierran 7. muestra 8. Recuerdo 9. Quieres 10. encuentro

2 1. Vicente y Francisco juegan al vóleibol los domingos. 2. Adela y yo empezamos a tomar clases de tenis. 3. Uds. vuelven de Cancún el viernes. 4. Los jugadores de béisbol recuerdan el importante partido. 5. La profesora repite las palabras de vocabulario. 6. El excursionista prefiere escalar la montaña de noche. 7. Sigo el plan de estudios. 8. Miguel puede salir a las seis. 9. Silvina y Carlos siguen la ruta correcta. 10. Cierras los libros y te vas a dormir.

3 1. No, no queremos patinar en línea con ustedes. 2. No, (ellas) no consiguen los libros que necesitan. 3. No, no prefiero jugar al fútbol a nadar en la piscina. 4. No, (mis sobrinos) no duermen en casa de mi abuela. 5. No, no jugamos al baloncesto en la universidad. 6. No, no pienso que la clase de química orgánica es difícil. 7. No, no encuentro el programa de computadoras en la librería. 8. No, no volvemos a casa los fines de semana. 9. No, no puedes tomar el autobús a las once de la noche. 10. No, no entienden la tarea de psicología.

4 1. empiezan 2. dormimos 3. entiendes 4. pienso 5. vuelvo 6. prefiero 7. Quiero 8. conseguimos 9. podemos 10. jugamos

4.3 Estructura

1 1. Oigo 2. Pongo 3. Hago 4. Traigo 5. Veo 6. Salgo 7. Supongo 8. Traigo

2 1. Salgo 2. traigo 3. Supongo 4. pongo 5. hago 6. Oigo, veo/Veo, oigo

3 1. Sí, salgo mucho a bailar con mis amigas. 2. Sí, veo a los jugadores de béisbol practicar para el partido. 3. Sí, hago la tarea en el centro de computación. 4. Sí, pongo la computadora portátil sobre el escritorio en clase. 5. Sí, oigo música clásica con mi compañera de cuarto.

Lección 4

4 1. Salgo a las seis de la mañana. 2. Traigo la bicicleta a la universidad. 3. Hago un plato mexicano delicioso. 4. Supongo que María tiene razón. 5. Pongo las revistas sobre la mesa. 6. Veo muchas películas. 7. Oigo a las chicas que tocan la guitarra. 8. Pongo las mochilas debajo de la mesa.

5 Hago mis tareas todas las tardes y salgo por las noches a bailar o a comer en un restaurante cerca de la universidad. Los fines de semana, voy a mi casa a descansar, pero traigo mis libros. En los ratos libres, oigo música o veo una película en el cine. Si hay un partido de fútbol, pongo la televisión y veo los partidos con mi papá. Hago algo de comer y pongo la mesa.

4.4 Estructura

1 1. Sí, en Soria hace buen tiempo. 2. No, en Teruel hace sol/está despejado. 3. No, en Girona llueve/hace mal tiempo. 4. No, en Murcia está despejado/hace sol. 5. No, en Cáceres hace sol/está despejado. 6. En Salamanca hace sol/está despejado/hace buen tiempo. 7. Sí, hace viento cerca de Castellón. 8. En Almería hace sol/está despejado/hace buen tiempo. 9. No, en Las Palmas está despejado/hace buen tiempo/hace sol. 10. No, en Lleida hace mal tiempo/llueve.

2 1. Nieva. 2. Está nublado./Hace mal tiempo./Llueve. 3. Hace viento./Hace buen tiempo./Hace calor./Hace sol. 4. Hay niebla./Hay contaminación. 5. Hace calor./Hace sol./Hace buen tiempo. 6. Hace calor. 7. Hace buen tiempo./Hace fresco./Hace sol./Hace calor. 8. Hace frío. 9. Llueve./Hace mal tiempo. 10. Hace frío./Llueve. 11. Llueve./Hace mal tiempo. 12. Hace frío.

síntesis

Answers will vary.

panorama

1 1. emigración 2. económico 3. Guadalajara 4. Benito Juárez 5. Yucatán 6. turistas 7. muralista 8. autorretratos

2 1. Falso. El área de México es de casi tres veces el área de Texas. 2. Falso. Octavio Paz es un poeta célebre mexicano. 3. Cierto. 4. Falso. Hay mucho crecimiento en la población del D.F./El crecimiento de la población es de los más altos del mundo. 5. Falso. Frida Kahlo y Diego Rivera eran pintores que se interesaban por la gente sencilla. 6. Cierto. 7. Falso. Los turistas van al D.F. a ver las ruinas de Tenochtitlan. 8. Falso. El Día de los muertos es costumbre comer pan y dulces en forma de calaveras y de esqueletos.

3 1. sur 2. más de 20 millones 3. náhuatl, idiomas mayas 4. Diego Rivera 5. azteca 6. muertos

4 1. La tercera ciudad de México en población es Monterrey. 2. La moneda mexicana es el peso. 3. El Distrito Federal atrae a miles de inmigrantes y turistas. 4. Muchos turistas vienen a ver las ruinas de Tenochtitlan. 5. El D.F. tiene una población mayor que la de Nueva York o cualquier capital europea. 6. Ese día la gente come pan y dulces/en forma de calaveras y de esqueletos.

5 1. Las cinco ciudades más importantes de México son la ciudad de México, Guadalajara, Monterrey, Puebla y Ciudad Juárez. 2. Seis mexicanos célebres son Benito Juárez, Octavio Paz, Elena Poniatowska, Julio César Chávez, Frida Kahlo y Diego Rivera. 3. Los Estados Unidos, Belice y Guatemala hacen frontera con México. 4. El Río Bravo del Norte es un río importante de México. 5. Dos sierras importantes de México son la Sierra Madre Oriental y la Sierra Madre Occidental. 6. Ciudad Juárez es una ciudad mexicana importante que está en la frontera con los EE.UU. 7. La ciudad de México fue fundada en el siglo dieciséis.

Lección 5

contextos

1 1. un huésped 2. la estación de tren/del metro 3. al aeropuerto 4. el pasaje, el equipaje 5. el/la botones 6. una agencia de viajes 7. la aduana 8. una llave 9. una pensión 10. el pasaporte

2 1. la habitación 2. el huésped 3. el empleado 4. la llave 5. la huésped 6. la maleta/el equipaje 7. el botones 8. el ascensor

3 1. febrero 2. marzo 3. diciembre 4. mayo 5. julio 6. enero

4 1. Puedo pescar en el mar/el océano/la playa. 2. Los aviones están en el aeropuerto. 3. Espero el metro en la estación del metro. 4. La primavera sigue al invierno. 5. Mucha gente va a la playa en el verano./En el verano mucha gente va a la playa. 6. Las clases empiezan en el otoño./En el otoño empiezan las clases.

5 1. pasajes 2. pasaportes 3. equipaje 4. sacar fotos 5. aeropuerto 6. taxi 7. confirmar 8. agente de viajes 9. hacer turismo 10. playa 11. llegada 12. hotel

estructura

5.1 Estructura

1 1. a. trabaja mucho 2. b. va a venir un huracán 3. a. nieva mucho y no pueden salir 4. c. no saben la respuesta 5. b. su novio es simpático, inteligente y guapo 6. a. vamos a pasar el verano con ellos

2 1. estamos, aburridos/as 2. está, cómodo 3. están equivocados 4. está, cansada 5. está desordenada 6. está cerrada 7. está, sucio 8. está contento/feliz/alegre 9. está triste 10. están abiertas

3 1. estoy feliz/contento 2. estás triste 3. estoy seguro 4. estamos cómodos 5. están abiertas 6. está desordenado 7. estamos ocupados 8. estoy cansado 9. estoy aburrido 10. estoy preocupado/nervioso 11. estoy enamorado 12. estoy contento/feliz

4 1. Vicente y Mónica están cansados. 2. Estamos equivocados/as. 3. El pasajero está nervioso. 4. Paloma está enamorada. 5. Los abuelos de Irene están contentos. 6. No estoy seguro/a.

5.2 Estructura

1 1. está buscando 2. están comiendo 3. Estoy empezando 4. están viviendo 5. está trabajando 6. Estás jugando 7. están teniendo 8. está abriendo 9. Estamos pensando 10. está estudiando

2 1. está leyendo el periódico 2. están jugando al fútbol 3. está paseando en bicicleta 4. está sacando una foto 5. están paseando/caminando 6. Estoy tomando el sol 7. está patinando en línea 8. Estás nadando

5.3 Estructura

1 1. es, g. 2. están, l. 3. está, k. 4. está, m. 5. es, b. 6. está, j. 7. es, e. 8. Estoy, n. 9. es, c. 10. Es, d.

2 1. está, es 2. es, estoy 3. está, es 4. es, están 5. está, es 6. está, es

3 1. El escritorio está limpio y ordenado. 2. El restaurante japonés es excelente. 3. La puerta del auto está abierta. 4. Marc y Delphine son franceses. 5. Estoy cansada de trabajar. 6. Paula y yo estamos buscando un apartamento. 7. La novia de Guillermo es muy simpática. 8. La empleada del hotel está ocupada. 9. Uds. están en la ciudad de San Juan. 10. Eres José Javier Fernández.

4 1. son 2. están 3. Están 4. son 5. están 6. son 7. están 8. es 9. es 10. está 11. es 12. es 13. estamos 14. estamos

5.4 Estructura

1 1. lo 2. la 3. las 4. lo 5. la 6. los 7. las 8. la 9. lo 10. los

2 1. La preferimos reservar. Preferimos reservarla. 2. Ana y Alberto las pueden pedir. Ana y Alberto pueden pedirlas. 3. Rosario lo tiene que conseguir. Rosario tiene que conseguirlo. 4. Lo vas a perder si no terminas a las cinco. Vas a perderlo si no terminas a las cinco. 5. Mis

Answers to Workbook Activities

Lección 5

abuelos las deben tener en su casa. Mis abuelos deben tenerlas en su casa. 6. La chica lo piensa tomar por la mañana. La chica piensa tomarlo por la mañana.

5.5 Estructura

1 1. cien mil 2. ciento diez mil 3. dos millones ciento diez mil 4. cien millones ciento diez mil 5. veinte millones de 6. trescientas setenta y cuatro 7. tres millones quinientos ochenta y cuatro mil cien 8. siete mil millones de 9. cuatrocientos noventa millones de 10. quinientos millones de

2 1. Hay doscientos setenta y cinco millones de habitantes en los Estados Unidos. 2. Hay ochocientos veintisiete pasajeros en el aeropuerto. 3. Hay veinticinco mil trescientos cincuenta estudiantes en la universidad. 4. Hay tres millones novecientos treinta mil puertorriqueños que viven en Puerto Rico. 5. Hay cincuenta y seis mil cuatrocientos sesenta dólares en su cuenta de banco. 6. Hay quinientos treinta mil turistas en la ciudad en el verano.

síntesis

Answers will vary.

panorama

1 1. Falso. El área de Puerto Rico es menor que la de Connecticut. 2. Falso. Aproximadamente la cuarta parte de la población puertorriqueña habla inglés. 3. Falso. La fortaleza del Morro custodiaba la bahía de San Juan. 4. Falso. La música salsa tiene raíces puertorriqueñas y cubanas. 5. Cierto. 6. Cierto.

2 1. San Juan/la capital 2. federales 3. Roberto Clemente 4. Puerto Rico 5. radiotelescopio 6. estado libre asociado

3 **Ciudades:** San Juan, Arecibo, Bayamón, Fajardo, Mayagüez, Ponce **Ríos:** Río Grande de Añasco, Río Loíza **Islas:** Culebra, Vieques **Puertorriqueños célebres:** Luis Muñoz Rivera, Roberto Clemente, Luis Rafael Sánchez, Ricky Martin

4 1. No, no las usan. 2. Sí, lo habla. 3. Sí, las sacan. 4. Sí, la tocan. 5. No, no las estudian. 6. No, no los pagan.

5 1. el Observatorio de Arecibo 2. El Morro 3. la Plaza de Arecibo 4. El Condado de San Juan

Lección 6

contextos

1 1. corbatas, cinturones, trajes de hombre, pantalones de hombre 2. sandalias, botas, guantes, abrigos 3. cinturones, bolsas, faldas, vestidos, blusas, gafas de sol 4. calcetines, medias, trajes de baño 5. cuarto 6. tercer 7. primer/segundo 8. tercer

2 1. un traje de baño 2. un impermeable 3. gafas de sol/lentes de sol/gafas oscuras 4. zapatos de tenis 5. centro comercial 6. tarjeta de crédito

3 1. El chocolate es marrón/café. 2. Las bananas son amarillas/verdes 3. Las naranjas son anaranjadas. 4. La bandera de Estados Unidos es roja, blanca y azul. 5. Cuando está nublado, las nubes son grises./Las nubes son grises cuando está nublado. 6. Los bluejeans son azules. 7. Muchos aviones son blancos. 8. Las palabras de los libros son negras.

4 1. los pantalones 2. la corbata 3. la falda 4. la chaqueta 5. la camiseta 6. la camisa 7. los zapatos 8. el cinturón 9. las sandalias 10. la blusa

estructura

6.1 Estructura

1 1. encontró 2. recibió 3. terminaron 4. preparó 5. Recorrí 6. escucharon 7. viajaron 8. Debemos 9. Regresaste 10. vivieron

2 1. Ramón escribió una carta al director del programa. 2. Mi tía trabajó como dependienta en un gran almacén. 3. Comprendí el trabajo de la clase de biología. 4. La familia de Daniel vivió en Argentina. 5. Virginia y sus amigos comieron en el café de la librería. 6. Los ingenieros terminaron la construcción de la tienda en junio. 7. Siempre llevaste ropa muy elegante. 8. Los turistas caminaron por la playa cuando salió el sol. 9. Corrimos por el estadio antes del partido.

3 1. No, mi primo Andrés ya viajó a Perú. 2. No, ya busqué una tienda de computadoras en el centro comercial. 3. No, ya encontramos muchas rebajas en el centro. 4. No, María ya llevó las sandalias anoche. 5. No, Mónica y Carlos ya regatearon con el vendedor. 6. No, mi abuela ya paseó por la playa.

4 1. ¿Pagaste una compra con una tarjeta de crédito?, Sí, pagué una compra con una tarjeta de crédito./No, no pagué una compra con una tarjeta de crédito. 2. ¿Practicaste un deporte?, Sí, practiqué un deporte./No, no practiqué un deporte. 3. ¿Buscaste un libro en la biblioteca?, Sí, busqué un libro en la biblioteca./No, no busqué un libro en la biblioteca. 4. ¿Llegaste tarde a clase?, Sí, llegué tarde a clase./No, no llegué tarde a clase. 5. ¿Empezaste a escribir un trabajo?, Sí, empecé a escribir un trabajo./No, no empecé a escribir un trabajo.

6.2 Estructura

1 1. Le 2. nos 3. les 4. les 5. nos 6. te 7. le 8. les 9. te 10. me

2 1. Le llevo unos zapatos de tenis. 2. Le compré un impermeable. 3. Nos traen trajes de baño. 4. Les escribimos las cartas de recomendación. 5. Uds. no le buscaron un vestido. 6. Les pides un café. 7. Les conseguimos unas gafas en rebaja. 8. Les buscas un sombrero. 9. No le terminamos el trabajo. 10. Le compro unos lentes de contacto.

3 1. Vas a pedirles dinero para los libros a tus padres. 2. Les quiero comprar unos guantes a mis sobrinos. 3. Clara le va a vender sus patines en línea. 4. Los clientes pueden pagarnos con tarjeta de crédito.

4 1. les 2. le 3. le 4. les 5. le 6. le 7. les 8. Les

5 1. No, no le escribió un correo electrónico. 2. No, no nos trae las maletas a la habitación. 3. No, no les venden los lentes. 4. No, no me compra botas. 5. No, no nos mostraste el traje nuevo que compraste. 6. No, no te busqué la revista en la librería.

6.3 Estructura

1 1. estos 2. ese 3. Aquella 4. este 5. Esas 6. estos

Lección 6

2 1. No, (Gloria) va a comprar esos pantalones. 2. No, llevé estos zapatos de tenis. 3. No, quiero ver estas medias. 4. No, (David) usa aquella chaqueta negra. 5. No, (Silvia) decidió comprar ese sombrero. 6. No, me mostró el vestido aquel dependiente.

3 1. éstas/ésas/aquéllas 2. éstos/ésos/aquéllos 3. ésta/ésa/aquélla 4. éstos/ésos/aquéllos 5. éste/ése/aquél 6. éstas/ésas/aquéllas

4 1. esta 2. ésta 3. ésa 4. Ésa 5. aquella 6. aquélla 7. este 8. Éste 9. ésos

síntesis

Answers will vary.

panorama

1 1. Alicia 2. Obispo 3. taínos 4. Valdés 5. caña 6. tabaco 7. Castro 8. ballet 9. salsa 10. UNESCO

2 1. Los taínos también vivieron en Puerto Rico, la República Dominicana, Haití, Trinidad, Jamaica y partes de las Bahamas y la Florida. 2. La bandera cubana es roja, blanca y azul. 3. Fidel Castro es primer ministro y jefe de las fuerzas armadas de Cuba. 4. La carrera de Celia Cruz comenzó en los años cincuenta en Cuba.

3 1. Palacio de Capitanes Generales 2. Santiago de Cuba 3. quinta 4. Ballet Nacional de Cuba 5. caña de azúcar 6. cigarros cubanos 7. escaparse de los españoles 8. Celia Cruz

4 1. Celia Cruz 2. Alicia Alonso 3. Fidel Castro 4. José Martí 5. Zoé Valdés 6. Carlos Finlay

5 1. ...once millones doscientos setenta y cinco mil habitantes en la isla de Cuba. 2. ...dos millones doscientos setenta y ocho mil habitantes en La Habana. 3. ...mil novecientos ochenta y dos declararon a la Vieja Habana Patrimonio Cultural de la Humanidad. 4. ...cuatrocientos cuarenta y seis mil habitantes en la Habana. 5. ...doscientos noventa y cuatro mil habitantes en Camagüey. 6. ...mil novecientos veintiséis nació Fidel Castro.

repaso lecciones 4-6

1 1. Sí, la hago. 2. No, no los pongo. 3. Sí, los traigo. 4. No, no lo oigo. 5. Sí, las veo. 6. No, no la pongo.

2 1. quiere/piensa 2. comienzas 3. puede/quiere 4. Prefiero/Quiero/Pienso 5. cierran 6. quieren/piensan 7. vuelven 8. piden

3 1. No, te voy a vender ésta./No, voy a venderte ésta. 2. No, vamos a abrirle aquél./No, le vamos a abrir aquél. 3. No, va a llevarles ésas./No, les va a llevar ésas. 4. No, les van a enseñar éstos./No, van a enseñarles éstos.

4 1. Paloma y Carlos son inteligentes y trabajadores. 2. Mariela está cantando una canción bonita. 3. Eres conductor de taxi en la ciudad. 4. Estamos en una cabaña en la playa. 5. Gilberto está preocupado porque tiene mucho trabajo. 6. Roberto y yo somos puertorriqueños de San Juan.

5 Answers will vary.

Lección 7

contextos

1 1. champú 2. baño/cuarto de baño 3. jabón 4. toalla 5. despertador 6. espejo

2 1. en el baño 2. en la habitación 3. en el baño 4. en el baño 5. en la habitación 6. en el baño 7. en el baño 8. en la habitación

3 1. Lupe se cepilla los dientes después de comer. 2. Ángel se afeita por la mañana. 3. Lupe se baña luego de correr. 4. Ángel se ducha antes de salir.

4 1. antes 2. despertarse 3. bailar 4. despertador 5. entonces 6. vestirse

5 Por la mañana Silvia se prepara para salir. Primero se levanta y se ducha. Después de ducharse, se viste. Entonces se maquilla. Antes de salir come algo y bebe un café. Por último se peina y se pone una chaqueta. Durante el día Silvia no tiene tiempo de volver a su casa. Más tarde come algo en la cafetería de la universidad y estudia en la biblioteca. Por la tarde, Silvia trabaja en el centro comercial. Por la noche llega a su casa y está cansada. Más tarde prepara algo de comer y mira la televisión un rato. Antes de acostarse a dormir siempre estudia un rato.

estructura

7.1 Estructura

1 1. se enojan 2. se despide 3. Me acuesto 4. se duchan 5. nos ponemos 6. Te preocupas 7. se lava 8. se pone

2 1. Sí, me cepillé los dientes después de comer. 2. Sí, Julia se maquilla antes de salir a bailar. 3. Sí, nos duchamos antes de entrar en la piscina. 4. Sí, los turistas se ponen sombreros cuando van a la playa. 5. Sí, te afeitaste esta mañana antes de ir al trabajo. 6. Sí, se ponen/nos ponemos los vestidos en la habitación del hotel. 7. Sí, me duermo en el cine cuando veo películas aburridas. 8. Sí, Ana se sienta delante de Federico en clase. 9. Sí, nos quedamos en una pensión en Lima. 10. Sí, me acuerdo de las fotos que sacamos ayer.

3 1. se lava, lava 2. Peino, Me peino 3. Nos quitamos, Quitamos 4. se levantan, levantan

4 1. se levanta/se despierta 2. se lava 3. afeitarse 4. se quedan 5. se preocupa 6. se ponen 7. se enojó 8. se levantó/se despertó 9. maquillarme 10. irme 11. vestirme 12. acordarte

7.2 Estructura

1 1. ningún 2. alguna 3. alguien 4. ningún 5. alguna 6. tampoco

2 1. No, ninguna 2. No, ningún 3. No, nada 4. No, nunca 5. No, nadie, nunca 6. ni, tampoco

3 1. Las dependientas no venden ninguna blusa/ninguna. 2. Nadie va de compras al centro comercial. 3. Nunca me cepillo los dientes antes de salir. 4. No te traigo ningún programa de la computadora/ninguno. 5. Mi hermano no prepara nada de comer. 6. No quiero tomar nada en el café de la librería.

4 1. No, (Alma) no tiene ninguna falda./no tiene ninguna. 2. No, nunca salgo los fines de semana./no salgo nunca los fines de semana. 3. No, (Gregorio) no quiere comer nada. 4. No, no le presté ningún disco de jazz (a César)./no le presté ninguno (a César). 5. No, no podemos/no pueden ni ir a la playa ni nadar en la piscina. 6. No, no encontré ningún cinturón barato en la tienda./no encontré ninguno. 7. No, no buscamos a nadie en la playa. 8. No, no me gusta ninguno de estos trajes./no me gusta ninguno.

5 Rodrigo nunca está leyendo ningún libro. Tampoco le gusta leer el periódico. Nunca lee nada. Nadie le pregunta si leyó ninguna novela de Mario Vargas Llosa. No leyó ningún libro de Vargas Llosa el año pasado. Tampoco leyó ninguna novela de Gabriel García Márquez. Ningún libro le encanta. No le gusta leer ni libros de misterios ni novelas fantásticas.

Lección 7

7.3 Estructura

1 1. fueron, ir 2. fue, ser 3. fuimos, ir 4. fueron, ser 5. Fuimos, ser 6. fue, ir 7. fueron, ir 8. fue, ser 9. Fui, ir 10. fue, ir

2 **Paragraph:** 1. fuimos 2. fue 3. fue 4. fuimos 5. fuimos 6. fue 7. fuimos 8. fuimos 9. fue 10. fuimos 11. fue 12. fui 13. fue 14. fuimos 15. fuimos 16. fue 17. fue 18. Fuiste
Infinitives: 1. ir 2. ser 3. ser 4. ir 5. ir 6. ser 7. ir 8. ir 9. ir 10. ir 11. ser 12. ser 13. ser 14. ir 15. ir 16. ser 17. ser 18. ir

7.4 Estructura

1 1. Te quedan bien las faldas y los vestidos. 2. No les molesta la lluvia. 3. No les gusta estar enojados. 4. Les aburre probarse ropa en las tiendas. 5. Le fascinan las tiendas y los almacenes. 6. Le faltan dos años para terminar la carrera. 7. Nos encanta pescar y nadar en el mar. 8. Me interesan las ruinas peruanas.

2 1. fascina 2. encantan 3. gusta 4. interesan 5. molesta 6. aburren 7. falta 8. encantan

3 1. Le queda bien la blusa cara. 2. Les molestan las canciones populares. 3. No te interesa caminar y correr por la playa. 4. Me gustan aquellas gafas de sol. 5. Les encanta el centro comercial. 6. Nos faltan unas semanas de clase. 7. No les gustan las películas. 8. No les importa buscar unos libros nuestros.

4 1. me encantan 2. le molestan 3. le gusta 4. les falta 5. Te quedan 6. nos fascina 7. le importan 8. me aburren

5 1. Les gustaron las playas del Caribe. 2. Les interesaron las rebajas de verano. 3. Le encantó regatear y gastar poco dinero. 4. Nos faltó encontrar los pasajes para poder irnos.

síntesis

Answers will vary.

panorama

1 1. Lima, Arequipa 2. Iquitos 3. Barranco 4. Machu Picchu 5. camello 6. incas

2 1. Barranco 2. llamas 3. aymará 4. Inti Raymi 5. Andes 6. noroeste 7. Iquitos 8. guanacos 9. nazca 10. Callao Se llega por el **Camino del Inca.**

3 1. Trujillo 2. Iquitos 3. Lima 4. Cuzco 5. Machu Picchu 6. Cuzco

4 1. Falso. Iquitos es un destino popular para los turistas que visitan la selva. 2. Cierto. 3. Falso. La Iglesia de San Francisco es notable por la influencia de la arquitectura árabe. 4. Cierto. 5. Cierto. 6. Falso. Los descendientes de los incas se reúnen en Cuzco para celebrar el solsticio de invierno.

5 1. Ecuador 2. Colombia 3. Río Amazonas 4. Iquitos 5. Brasil 6. Lima 7. Machu Picchu 8. Cuzco 9. Bolivia 10. Lago Titicaca

Lección 8

contextos

1 1. los tomates 2. la sopa 3. las zanahorias 4. el jugo 5. el sándwich 6. las papas fritas 7. los camarones 8. los limones

2 **Verduras:** espárragos, zanahorias, cebollas, champiñones, arvejas, lechuga, maíz, papas, tomates **Productos lácteos:** yogur, leche, queso, mantequilla, margarina **Condimentos:** aceite, vinagre, azúcar, sal, pimienta **Carnes y aves:** bistec, hamburguesas, salchichas, pollo, chuletas de cerdo, jamón, **Pescado y mariscos:** atún, salmón, langosta, camarones **Frutas:** peras, naranjas, bananas, melocotones, limones, uvas, manzanas

3 1. el vino tinto 2. las zanahorias 3. los camarones 4. las uvas

4 1. **Desayuno:** un yogur y un café con leche **Almuerzo:** un sándwich de jamón y queso **Cena:** unas chuletas de cerdo con arroz y frijoles 2. **Desayuno:** huevos fritos y jugo de naranja **Almuerzo:** una hamburguesa y un refresco **Cena:** una langosta con papas y espárragos 3. **Desayuno:** pan tostado con mantequilla **Almuerzo:** un sándwich de atún y té helado **Cena:** un bistec con cebolla y arroz 4. **Desayuno:** cereales con leche **Almuerzo:** una sopa y una ensalada **Cena:** pollo asado con ajo y champiñones y vino blanco

estructura

8.1 Estructura

1 1. Ana y Enrique pidieron unos refrescos fríos. 2. Mi mamá nos sirvió arroz con frijoles y carne. 3. Tina y yo dormimos en una pensión de Lima. 4. Las flores de mi tía murieron durante el otoño. 5. Uds. se sintieron bien porque ayudaron a las personas.

2 1. repitieron 2. murió 3. Serví 4. pidieron 5. nos dormimos 6. prefirieron

3 1. Anoche mis primos se despidieron de nuestros abuelos en el aeropuerto. 2. Seguí a Camelia por la ciudad en el auto. 3. Uds. prefirieron quedarse en casa. 4. Ellas pidieron un plato de langosta con salsa de mantequilla. 5. Tu esposo les sirvió una ensalada con atún y espárragos. 6. Los dueños consiguieron pescado ayer en el mercado al aire libre.

4 1. Preferimos este restaurante al restaurante italiano. 2. Mis amigos siguieron a Gustavo para encontrar el restaurante. 3. La camarera te sirvió huevos fritos y café con leche. 4. Uds. pidieron ensalada de mariscos y vino blanco. 5. Carlos repitió las papas fritas. 6. Conseguí el menú del restaurante chino.

5 1. conseguí 2. pidió 3. sirvió 4. murió 5. dormí 6. se vistió 7. seguí 8. repitió 9. prefirió 10. me despedí

8.2 Estructura

1 1. La camarera te lo sirvió. 2. Isabel nos las trajo a la mesa. 3. Javier me los pidió anoche. 4. El dueño nos la busca (para seis personas). 5. Tu madre me los consigue. 6. ¿Te lo recomendaron Lola y Paco?

2 1. Se los pidieron. 2. Nos lo buscaron. 3. Se las sirven con el pescado. 4. Se los llevan a la mesa. 5. Me la trajeron. 6. El dueño se la compra. 7. Te los muestran antes de servirlos. 8. La dueña nos la abre.

3 1. Se las escribí a ellos. 2. Se lo recomendó su tío./Su tío se lo recomendó. 3. Nos la va a abrir Sonia./Sonia nos la va a abrir. 4. Se lo sirvió Miguel/Miguel se lo sirvió. 5. Me los llevaron mis amigas./Mis amigas me los llevaron 6. Se las ofrece a su familia./Miguel se las ofrece a su familia.

4 1. Se lo recomendó Rosalía./Rosalía se lo recomendó. 2. Se los sirvió el dueño./El dueño se los sirvió 3. Se los trajo el camarero./El camarero se los trajo. 4. Se lo preguntó al camarero. 5. Se las pidió Tito./Tito se las pidió. 6. Se lo pidió Celia./Celia se lo pidió. 7 Se la repitió el camarero./El camarero se la repitió. 8. Se las dio al dueño.

Lección 8

8.3 Estructura

1 1. conozco 2. conoce 3. Sabes 4. sabe 5. Conocemos 6. saben

2 1. conduce 2. sabes 3. parece 4. conocen 5. ofrecen 6. Traduzco

3 1. Eugenia conoce a mi amiga Frances. 2. Pamela sabe hablar español muy bien. 3. El sobrino de Rosa sabe leer y escribir. 4. José y Laura conocen la ciudad de Barcelona. 5. No sé cuántas manzanas debo comprar. 6. Conoces al dueño del mercado. 7. Elena y María Victoria saben patinar en línea.

8.4 Estructura

1 1. más pequeño que 2. más rápido que 3. tan ricos/deliciosos/sabrosos como 4. más altos que 5. más trabajadora que 6. menos inteligente que 7. tan mala como 8. menos gordos que

2 1. Gloria Estefan es más famosa que mi hermana. 2. Estudiar química orgánica es más difícil que leer una novela. 3. El tiempo en Boston es peor que el tiempo en Florida. 4. Los restaurantes elegantes son menos baratos que los restaurantes de hamburguesas. 5. Mi abuelo es mayor que mi sobrino.

3 1. más que mi padre/más que él 2. más que tú 3. más que David/más que él 4. más que yo 5. menos que tú 6. más que Lorna/más que ella

4 1. Javier y Esteban están cansadísimos. 2. Tu padre es jovencísimo. 3. La profesora es inteligentísima. 4. Las clases son larguísimas. 5. La madre de Irene está felicísima. 6. Estoy aburridísimo.

5 1. Sí, son los más caros de la tienda. 2. Sí, es el mejor del centro comercial. 3. Sí, es la más cómoda de la casa. 4. Sí, son los más nerviosos de la clase. 5. Sí, es la menor de mis amigas.

6 1. Guatemala tiene más habitantes que Puerto Rico. 2. Ramón compró tantas corbatas como Roberto. 3. Yo comí menos que mi hermano./Yo comí menos pasta que mi hermano. 4. Anabel durmió tanto como Amelia./Anabel durmió tantas horas como Amelia. 5. Mi primo toma menos clases que mi amiga Tere.

8.5 Estructura

1 1. ella 2. conmigo 3. tú 4. mí 5. contigo 6. ellos 7. ti 8. ella 9. él 10. ti

síntesis

Answers will vary.

panorama

1 1. moneda 2. cuarenta 3. diseño 4. quetzal 5. calendario 6. naturaleza

2 **Suggested answers:** 1. El maíz es un cultivo de mucha importancia en la cultura maya. 2. Miguel Ángel Asturias es un escritor guatemalteco célebre. 3. México, Belice, El Salvador y Honduras limitan con Guatemala. 4. La Antigua Guatemala fue una capital importante hasta 1773, cuando un terremoto la destruyó. 5. El quetzal simboliza la libertad para los mayas porque creían que este pájaro no podía vivir en cautiverio. 6. El gobierno mantiene una reserva biológica especial para proteger al quetzal.

3 1. el quetzal 2. los huipiles

4 1. El área de Guatemala es más pequeña que la de Tennessee. 2. Hay más de tres millones de habitantes en la ciudad de Guatemala. 3. Hay menos de cincuenta mil habitantes en Puerto Barrios. 4. La población de Quezaltenango es más grande que la población de Mazatenango. 5. Rigoberta Menchú es menor que Margarita Carrera. 6. La celebración de la Semana Santa en la Antigua Guatemala es la más importante del hemisferio para muchas personas.

5 1. Cierto 2. Falso. La lengua materna de muchos guatemaltecos es una lengua maya. 3. Falso. La civilización de los mayas era muy avanzada. 4. Cierto. 5. Falso. Los quetzales están en peligro de extinción. 6. Cierto.

Lección 9

contextos

1 1. estado civil 2. etapa de la vida 3. estado civil 4. etapa de la vida 5. fiesta 6. etapa de la vida 7. etapa de la vida 8. fiesta 9. estado civil 10. etapa de la vida 11. fiesta 12. estado civil

2 1. el nacimiento 2. la niñez 3. la adolescencia 4. la juventud 5. la madurez 6. la vejez

3 1. la vejez 2. la juventud 3. la niñez 4. la juventud 5. la adolescencia 6. la vejez 7. la juventud 8. la juventud 9. la vejez 10. la adolescencia

4 1. el 26 de enero de 1948 2. viudo 3. vejez/madurez 4. el 26 de enero 5. en 1970 6. con una botella de champán 7. el 11 de marzo de 1973 8. soltera 9. en la juventud 10. el 11 de marzo 11. en 1995 12. el flan de caramelo 13. Caracas 14. en la juventud 15. a los veintiocho años 16. casado 17. tres 18. los dulces

estructura

9.1 Estructura

1 1. Yo doy una gran fiesta todos los meses. 2. Yo les doy muchos consejos a mis amigas. 3. Yo siempre le doy muchos besos a mi novio. 4. Yo les doy muchas rebajas a mis (los) clientes. 5. Yo estoy dando una clase especial de pronunciación. 6. Le doy una gran alegría a mi abuela cada vez que la llamo.

2 1. digo 2. dicen 3. Dices 4. dice 5. dice 6. dicen

3 1. da, se los da 2. digo, Te la digo 3. dieron, se la dieron 4. dice, se los dice 5. dicen, nos las dicen 6. das, Se lo das 7. decimos, Se lo decimos 8. dan, se los dan

9.2 Estructura

1 1. hay 2. Hubo 3. hubo 4. hay 5. Hubo 6. hay

2 1. estuvieron 2. Tuve 3. vino 4. hizo 5. tuvieron 6. puso

3 1. dijeron 2. tradujo 3. condujo 4. trajeron 5. dijimos 6. trajiste

4 1. Antonio le dio un beso a su madre. 2. Los invitados le dieron las gracias a la familia. 3. Tú les diste una sorpresa a tus padres. 4. Rosa y yo le dimos una sorpresa al profesor. 5. Carla nos dio muchos consejos para el viaje.

5 1. Rosalía hizo galletas. 2. Mi tía estuvo en el Perú. 3. Vine a este lugar. 4. Rita y Sara dijeron la verdad. 5. Uds. pusieron la televisión. 6. Ellos produjeron una película. 7. Trajimos una cámara. 8. Tuviste un examen.

6 1. No, ya estuve en la biblioteca ayer. 2. No, Elena y Miguel ya dieron una fiesta el sábado pasado. 3. No, la profesora ya tradujo esa novela el año pasado. 4. No, ya hubo un pastel de limón anoche./ en la cena de anoche. 5. No, ya puse los abrigos sobre la cama. 6. No, ya tuvimos tres hijos.

9.3 Estructura

1 1. pudo 2. conocieron 3. quisieron 4. supo 5. Pudimos 6. quiso

2 1. No pude terminar el libro el miércoles. 2. Inés supo la semana pasada que Vicente es divorciado. 3. Sus amigas quisieron llamarla (por teléfono), pero no pudieron. 4. Susana conoció a los padres de Alberto anoche. 5. Los camareros pudieron servir la cena a las ocho. 6. Tu madre no quiso ir a la casa de tu hermano.

3 1. conoció 2. quiso 3. quiso 4. pudo 5. supieron 6. pudieron

9.4 Estructura

1 1. Qué 2. Qué 3. Cuál 4. cuál 5. Qué 6. Cuáles 7. Qué 8. Cuál

2 1. Cuál 2. Qué 3. Cuántos 4. Dónde 5. Quién 6. Quiénes 7. Cuándo/A qué hora 8. Cuáles 9. Cómo 10. Adónde

3 1. ¿Cuál es la camisa que más te gusta? 2. ¿Qué quieres hacer hoy? 3. ¿Quién es tu profesora de matemáticas? 4. ¿De dónde eres?/¿De dónde es Ud.? 5. ¿Cuáles son tus gafas favoritas? 6. ¿Dónde está el pastel de cumpleaños? 7. ¿A qué hora empieza la fiesta sorpresa? 8. ¿Cuándo cierra el restaurante? 9. ¿Cuántos invitados hay en la lista? 10. ¿Adónde van Uds.?

Lección 9

síntesis

Answers will vary.

panorama

1 **Ciudades más grandes:** Santiago de Chile, Concepción, Villa del Mar **Deportes de invierno:** el esquí, el snowboard, el heli-esquí **Países fronterizos:** Perú, Bolivia, Argentina **Escritores chilenos:** Gabriela Mistral, Pablo Neruda, Isabel Allende

2 1. Falso. Una tercera parte de los chilenos vive en Santiago de Chile. 2. Cierto. 3. Falso. La mayoría de las playas de Chile están en la costa del Océano Pacífico. 4. Cierto. 5. Falso. La isla de Pascua es famosa por los moai, unas estatuas enormes. 6. Cierto. 7. Cierto. 8. Falso. La exportación de vinos ha subido mucho en los últimos años.

3 1. peso chileno 2. héroe 3. holandeses 4. observatorios 5. vino 6. Argentina

4 1. Pablo Neruda 2. Moais de la isla de Pascua

5 1. escribió 2. recibió 3. decidieron 4. comenzó

6 1. ¿Cuántos habitantes hay en Chile? 2. ¿Cuál es la cuarta ciudad de Chile? 3. ¿Qué idiomas se hablan en Chile?/¿Cuáles son los idiomas que se hablan en Chile? 4. ¿Quiénes descubrieron la isla de Pascua?/¿Qué descubrieron los exploradores holandeses? 5. ¿Dónde se puede practicar el heli-esquí?/¿Qué (deporte) se puede practicar en el centro de esquí Valle Nevado? 6. ¿Cuándo comenzó la producción de vino en Chile?

repaso lecciones 7-9

1 1. nos gusta 2. me encantan 3. le molesta 4. les importa 5. te queda 6. les faltan

2 1. No, no debes ponerte/no te debes poner nada elegante esta noche. 2. No, no me enojé con nadie en el restaurante. 3. No, Ana no se probó ningún vestido/ninguno en la tienda. 4. No, Raúl nunca quiere quedarse/se quiere quedar en las fiestas.

3 1. fuimos 2. Fuimos 3. condujo 4. fue 5. hubo 6. Supe 7. rompió 8. quisimos 9. fue 10. pidió 11. dijo 12. sirvió 13. brindamos/brindaron 14. dimos 15. se pudieron 16. traduje 17. repitió 18. estuvieron 19. trajo 20. fuimos 21. pidió 22. se despidieron 23. se puso 24. conseguimos

4 1. Quiso dársela. 2. Se lo di. 3. Se los dijeron. 4. No pudo dárnoslos. 5. Debiste decírselo. 6. Te las dije.

5 1. Guatemala es más pequeño que el Perú. 2. Las líneas de Nazca son tan misteriosas como los moais de la isla de Pascua. 3. Los habitantes de Guatemala hablan más idiomas mayas que los habitantes de Chile. 4. La ciudad de Guatemala es más grande que el puerto de Iquitos. 5. Los peruanos usan las llamas más que los chilenos.

6 Answers will vary.

Lección 10

contextos

1. 1. los huesos 2. el corazón 3. la garganta 4. el brazo 5. el estómago 6. la rodilla 7. el tobillo 8. el pie

2. 1. la farmacia 2. el dentista 3. la sala de emergencia 4. la clínica/el consultorio 5. el hospital 6. la clínica/el consultorio

3. **Síntoma:** fiebre, dolor de cabeza, tos, estornudos, congestionado **Enfermedad:** resfriado, infección, gripe **Diagnóstico:** radiografía, tomar la temperatura **Tratamiento:** receta, pastilla, operación, poner una inyección, antibiótico, aspirina

4. 1. embarazada 2. fiebre 3. infección 4. lastimó 5. alérgica 6. receta 7. radiografía 8. síntomas

5. PACIENTE a. Tengo tos y me duele la cabeza. DOCTORA b. ¿Te dio fiebre ayer? PACIENTE c. Sí, mi esposa me tomó la temperatura. DOCTORA a. ¿Estás muy congestionado? PACIENTE c. Sí, y también me duele la garganta. DOCTORA b. Es una infección de garganta. PACIENTE a. ¿Tengo que tomar un antibiótico? DOCTORA c. Sí, ahora te lo voy a recetar.

estructura

10.1 Estructura

1. 1. cenaba 2. cantaba 3. recorrían 4. jugábamos 5. tenía 6. escribías 7. Creíamos 8. buscaban

2. 1. Mi abuela era muy trabajadora y amable. 2. Tú ibas al teatro cuando vivías en Nueva York. 3. Ayer había muchísimos pacientes en el consultorio. 4. Veíamos tu casa desde allí. 5. Eran las cinco de la tarde cuando llegamos a San José. 6. Ella estaba muy nerviosa durante la operación.

3. 1. No, pero antes hablaba. 2. No, pero antes iba. 3. No, pero antes (la) comía. 4. No, pero antes me traía. 5. No, pero antes conducía.

4. 1. Tú escribías cartas (postales). 2. Rolando buceaba en el mar. 3. Pablo y Elena jugaban a las cartas. 4. Lilia y yo tomábamos el sol.

5. 1. Antes jugaba al fútbol con mis hermanos. Ahora juego en el equipo de la universidad. 2. Antes escribía las cartas a mano. Ahora escribo el correo electrónico con la computadora. 3. Antes era rubio y gordito. Ahora soy moreno y delgado. 4. Antes tenía a mi familia cerca. Ahora tengo a mi familia lejos. 5. Antes estudiaba en mi habitación. Ahora estudio en la biblioteca. 6. Antes conocía a las personas de mi pueblo. Ahora conozco a personas de todo el país.

10.2 Estructura

1. 1. se habla 2. se venden 3. se sirve 4. se recetan 5. se vive 6. se puede

2. 1. Se prohíbe fumar. 2. Se venden periódicos. 3. Se habla español. 4. Se necesitan enfermeras. 5. No se debe nadar./Se prohíbe nadar. 6. Se busca un auto usado.

3. 1. le 2. les 3. te 4. les 5. les 6. le

4. 1. A Marina se le cayó la bolsa. 2. A ti se te olvidó comprarme la medicina. 3. A nosotros se nos quedaron los libros en el auto. 4. A Ramón y a Pedro se les dañó el proyecto.

5. 1. Se le perdieron las llaves del auto. 2. Se les olvidó ponerse las inyecciones. 3. Se te cayeron los papeles del médico. 4. Se le rompió la pierna cuando esquiaba. 5. Se me dañó la cámara durante el viaje.

6. 1. Se les dañó el coche. 2. Se les rompió la botella de vino. 3. Se me perdieron las llaves de la casa. 4. Se nos quedaron las toallas en la playa. 5. Se le olvidó estudiar para el examen.

10.3 Estructura

1. 1. lentamente 2. amablemente 3. frecuentemente 4. alegremente 5. perfectamente 6. constantemente 7. normalmente 8. independientemente

2. 1. a menudo 2. a tiempo 3. por lo menos 4. pronto 5. casi 6. bastante

3. 1. así 2. bastante 3. menos 4. casi 5. por lo menos 6. a veces

Lección 10

4 1. Es importante conducir inteligentemente. 2. No existe una cura real para el cáncer. 3. El agua del río corría tranquilamente. 4. Germán tiene unos dibujos maravillosos. 5. Claudia y Elena son personas felices. 6. Miguel y Ana se conocieron gradualmente. 7. La comida y el agua son necesidades básicas. 8. Los antibióticos son enormemente importantes en la medicina.

5 1. No, van poco al cine./No, van al cine poco. 2. Sí, llegaron a tiempo. 3. Sí, comía muchas veces en el restaurante chino./Sí, comía en el restaurante chino muchas veces. 4. Sí, estudié bastante para el examen de historia. 5. No, casi nunca comen carne./No, no comen carne casi nunca./No, no comen carne casi nunca. 6. No, se enferma de vez en cuando./No, de vez en cuando se enferma.

10.4 Estructura

1 1. Hace cinco minutos que estoy esperando. 2. Hace tres meses que Jaime no llama a Miguel. 3. Hace un año que eres novio de Ana. 4. Hace cuatro días que Uds. no hablan por teléfono. 5. Hace seis meses que Rodrigo toma clases de francés. 6. Hace tres años que estamos casados.

2 1. Lola trabajó en ese consultorio hace dos años. 2. Hace tres meses que María y Laura se graduaron en medicina. 3. Les pusieron las inyecciones a Iván y a Paquito hace seis meses. 4. Hace dos meses que Analisa quedó embarazada. 5. Luis se rompió la pierna cuando esquiaba hace un año. 6. Hace dos horas que conduje en el auto.

3 1. Hace cinco años que voy de vacaciones a la playa./Voy de vacaciones a la playa hace cinco años. 2. Cumplí años hace dos semanas./Hace dos semanas que cumplí años. 3. Hace cuatro años que estudio economía./Estudio economía hace cuatro años. 4. Hace tres años que fuimos a los Juegos Olímpicos./Fuimos a los Juegos Olímpicos hace tres años./Hace tres años que fueron a los Juegos Olímpicos./Fueron a los Juegos Olímpicos hace tres años. 5. Hace seis meses que me dan dolores de cabeza./Me dan dolores de cabeza hace seis meses. 6. Irene y Natalia llegaron hace una hora./Hace una hora que Irene y Natalia llegaron.

síntesis

Answers will vary.

panorama

1 1. Nicaragua 2. Mar Caribe 3. San José 4. Océano Pacífico 5. Panamá

2 1. Falso. Los parques nacionales costarricenses se establecieron para proteger los delicados ecosistemas de la región y la biodiversidad. 2. Cierto. 3. Falso. El café representa más del 15% de las exportaciones anuales de Costa Rica. 4. Cierto. 5. Falso. Costa Rica eliminó el ejército en 1948. 6. Falso. En 1948 Costa Rica hizo obligatoria y gratuita la educación para todos los costarricenses.

3 1. homogénea 2. el colón costarricense 3. ejército 4. cafetera 5. exportaciones 6. democracia, estabilidad

4 1. cataratas 2. montañas 3. cuevas 4. plantas exóticas 5. quetzales 6. monos 7. jaguares 8. armadillos 9. osos perezosos 10. mariposas 11. Provee servicios médicos gratuitos a todos sus ciudadanos y también a los turistas. 12. En 1870 eliminó la pena de muerte. 13. En 1948 eliminó el ejército. 14. En 1948 hizo obligatoria y gratuita la educación para todos los costarricenses.

5 1. se mantiene 2. se estableció 3. se ofrece 4. se empezó 5. se proveen 6. se eliminó

Lección 10

6 1. América Central 2. volcanes, terremotos 3. huellas 4. igualdad, justicia 5. Solentiname 6. Casa de los Tres Mundos 7. Zapatera 8. Nicaragua

7 1. Honduras 2. Océano Atlántico 3. Managua 4. Lago (de) Nicaragua 5. Océano Pacífico 6. Costa Rica

8 1. Managua 2. córdoba 3. español 4. Rubén Darío 5. Violeta Barrios de Chamorro 6. Daniel Ortega 7. Gioconda Belli 8. Ernesto Cardenal

9 **Horizontales:** 1. sociedad 2. Nicaragua 5. poeta 6. volcánica **Verticales:** 3. islas 4. cultural

Lección 11

contextos

1 1. la/una calculadora 2. una cámara de video 3. la página principal 4. la contestadora 5. el Internet 6. la televisión por cable

2 1. El conductor del autobús manejaba lentamente por la nieve. 2. La impresora nueva imprimía los documentos muy rápido. 3. El mecánico de Jorge le revisaba el aceite al auto todos los meses. 4. El teléfono celular sonaba en la casa pero nadie lo cogía. 5. El auto viejo no arrancaba cuando llovía. 6. Algunos jóvenes estadounidenses navegaban en el Internet de niños.

3 1. el monitor 2. la pantalla 3. el teclado 4. el ratón 5. el módem 6. la impresora 7. el disco compacto 8. la calculadora

4 1. Se usa la impresora para imprimir. 2. Se usan los frenos del coche para parar. 3. Se usa el *fax* para enviar documentos. 4. Se usa el volante para manejar el carro. 5. Se usa el control remoto para cambiar los canales del televisor. 6. Se usan las llaves del carro para arrancar el carro.

5 1. licencia de conducir 2. subí 3. lleno 4. aceite 5. arrancar 6. camino 7. avenida 8. circulación 9. parar 10. choqué 11. autopista 12. velocidad máxima 13. lento 14. mujer policía 15. multa 16. estacioné

estructura

11.1 Estructura

1 1. escribía 2. chocó 3. cambió 4. Estaba 5. revisaba 6. te quedaste 7. leía 8. funcionaba

2 1. bailaba 2. bailó 3. escribí 4. escribía 5. era 6. fue 7. Hubo 8. había 9. vi 10. veía

3 1. dormían 2. cerró la ventana 3. compró una maleta 4. nos mostraba la foto

4 1. Ayer Clara fue a casa de sus primos, saludó a su tía y comió con ellos. 2. Cuando Manuel vivía en Buenos Aires, conducía muchos kilómetros todos los días. 3. Mientras Carlos leía las traducciones, Blanca traducía otros textos. 4. El doctor terminó el examen médico y me recetó un antibiótico. 5. La niña tenía ocho años y era inteligente y alegre. 6. Rafael cerró todos los programas, apagó la computadora y se fue.

5 1. llegué 2. vivíamos 3. conocimos 4. teníamos 5. vimos 6. podíamos 7. conectó 8. miramos 9. caminábamos 10. dijo

6 1. ¿Dónde estaba María cuando llamé por teléfono? María estaba en la cocina. Lavaba los platos. 2. ¿Dónde estabas cuando Teresa y yo fuimos al cine? Estaba en casa. Leía una revista. 3. ¿Dónde estaba tu hermano cuando empezó a llover? Mi hermano estaba en la calle. Montaba en bicicleta. 4. ¿Dónde estaban Uds. cuando Luisa vino a casa? Estábamos en el estadio. Jugábamos al fútbol. 5. ¿Dónde estaban Ana y Pepe cuando los saludaste? Estaban en el supermercado. Hacían la compra.

7 Estaba pasando el verano en Córdoba, y era un lugar muy divertido. Salía con mis amigas todas las noches hasta tarde. Bailaba con nuestros amigos y nos divertíamos mucho. Durante la semana, trabajaba: daba clases de inglés. Los estudiantes eran alegres y se interesaban mucho por aprender. El día de Navidad conocí a un chico muy simpático que se llamaba Francisco. Me llamó al día siguiente y nos veíamos todos los días. Me sentía enamorada de él. Creía que iba a venir a Boston para estar conmigo. Teníamos que buscar trabajo allí, pero estábamos muy emocionados.

8 Ayer mi hermana y yo fuimos a la playa. Cuando llegamos, era un día despejado con mucho sol, y nosotras estábamos muy contentas. A las doce comimos unos sándwiches de almuerzo. Los sándwiches eran de jamón y queso. Luego descansamos y entonces nadamos en el mar. Mientras nadábamos, vimos a las personas que practicaban el esquí acuático. Parecía muy divertido, así que decidimos probarlo. Mi hermana fue primero, mientras yo la miraba. Luego fue mi turno. Las dos nos divertimos mucho esa tarde.

Lección 11

11.2 Estructura

1 1. por 2. para 3. por 4. para 5. para 6. por 7. para 8. para 9. por 10. por

2 1. por eso 2. por fin 3. por aquí 4. por ejemplo 5. por aquí 6. por eso

3 1. por 2. para 3. para 4. por 5. por 6. para

4 1. Ricardo y Emilia trajeron un pastel para su prima. 2. Los turistas llegaron a las ruinas por barco. 3. Tuve resfriado por el frío. 4. Mis amigas ganaron dinero para viajar a Suramérica. 5. Uds. buscaron a Teresa por toda la playa. 6. El avión salió a las doce para Buenos Aires.

5 1. para 2. para 3. por 4. para 5. para 6. por 7. por 8. por 9. por 10. por 11. para 12. para 13. para 14. por 15. para 16. por 17. por 18. por

11.3 Estructura

1 1. se ven 2. se encuentran 3. se quieren 4. nos saludamos 5. se ayudan 6. se llaman

2 1. se saludan 2. se abrazan 3. se ayudan 4. se besan 5. nos queremos 6. se despiden 7. nos llamamos 8. se encuentran

3 1. Ayer Felipe y Lola se enviaron mensajes por correo electrónico. 2. Raúl y yo nos encontramos en el centro de computación. 3. Mis abuelos se quisieron mucho toda la vida. 4. Los protagonistas de la película se abrazaron y se besaron al final. 5. Esos hermanos se ayudaron a conseguir trabajo.

4 1. se conocieron 2. se ven 3. se encuentran 4. se besaron 5. se dijeron 6. se ayudan 7. se llaman 8. se entienden

5 1. conocieron 2. se conocieron 3. se saludaron 4. saludó 5. ayudaron 6. se ayudaron 7. vieron 8. se vieron

11.4 Estructura

1 1. suyas 2. nuestra 3. suyas 4. suyos 5. suyo 6. nuestro 7. mía 8. tuyo

2 1. mía 2. suya 3. míos 4. suyo 5. nuestra 6. suyos 7. tuyo 8. suyo

3 1. Sí, prefiero usar la mía. 2. Sí, quiero usar el suyo./Sí, quiero usar el nuestro. 3. Sí, guardé los tuyos. 4. Sí, llené el suyo. 5. Sí, manejó el nuestro./Sí, manejó el suyo. 6. Sí, voy a comprar el tuyo.

4 1. ¿Son de Ud. las gafas? Sí, son mías. 2. ¿Es de Joaquín el estéreo? Sí, es suyo. 3. ¿Es de ellos la impresora? Sí, es suya. 4. ¿Son de Susana esos módems? Sí, son suyos. 5. ¿Es de tu mamá el coche? Sí, es suyo. 6. ¿Son de Uds. estas calculadoras? Sí, son nuestras.

síntesis

Answers will vary.

panorama

1 1. "París de Sudamérica" 2. europeo 3. inmigrantes 4. africanas, italianas, españolas 5. porteños 6. las cataratas de Iguazú

2 1. guaraní 2. Mercedes 3. Patagonia 4. Inglaterra 5. porteños 6. provocativo

3 1. Gato Barbieri 2. Buenos Aires, Córdoba y Rosario 3. Italia, Alemania, España e Inglaterra 4. Jorge Luis Borges 5. la Argentina, el Paraguay y el Brasil 6. Evita Perón/María Eva Duarte de Perón.

4 1. el tango 2. las cataratas de Iguazú

5 1. Falso. La Argentina es el país de habla hispana más grande del mundo. 2. Cierto. 3. Falso. Los idiomas que se hablan en la Argentina son el español y el guaraní. 4. Cierto. 5. Falso. El tango es un baile con raíces africanas, italianas y españolas. 6. Cierto.

6 **Suggested answers:** 1. Buenos Aires se conoce como el "París de Sudamérica" por el estilo parisino de sus calles y edificios. 2. La primera dama de la Argentina hasta el 1952 fue María Eva Duarte de Perón./La primera dama de la Argentina hasta el 1952 fue Evita Perón. 3. Las diferentes culturas de los inmigrantes a la Argentina dejaron una huella profunda en la música, el cine, el arte y la arquitectura de la Argentina. 4. En un principio, el tango era un baile provocativo y violento, pero se hizo más romántico durante los 1940.

Lección 11

7 1. Río de la Plata 2. Punta del Este 3. carne de res 4. mate 5. fútbol 6. treinta 7. Carnaval 8. Desfile de las Llamadas 9. Montevideo 10. Cristina Peri Rossi

8 1. Falso. Montevideo es una ciudad cosmopolita e intelectual. 2. Cierto. 3. Falso. El mate es una bebida de origen indígena que está muy presente en Uruguay. 4. Cierto. 5. Falso. El peso uruguayo es la moneda de Uruguay. 6. Cierto. 7. Falso. Uno de los mejores carnavales de Sudamérica se celebra en Montevideo. 8. Falso. En el Desfile de las Llamadas se baila el candombe.

9 1. Río Uruguay 2. Río de la Plata 3. Argentina 4. Brasil 5. Océano Atlántico 6. Punta del Este 7. Montevideo

10 1. La mitad de los habitantes del Uruguay vive en Montevideo. 2. Algunos platos típicos son el asado, la parrillada y el chivito. 3. Montevideo es un destino popular gracias a sus hermosas playas. 4. El primer equipo de fútbol uruguayo se formó en 1891. 5. En el Carnaval de Montevideo participan casi todos los habitantes de la ciudad. 6. El candombe es un baile de tradición africana.

Lección 12

contextos

1 1. Joaquín necesita una lavadora. 2. Clara necesita una secadora ahora. 3. Se necesita un lavaplatos. 4. Rita debe poner el agua en el congelador.

2 1. la cocina 2. la sala 3. la alcoba 4. la cocina 5. la alcoba 6. la cocina 7. la alcoba 8. la alcoba

3 1. Ramón sacaba la basura. 2. Rebeca hacía la cama. 3. Mi tío Juan pasaba la aspiradora. 4. Isabel sacudía los muebles.

4 1. sala 2. altillo 3. cocina 4. lavadora 5. pasillo/oficina 6. escalera

5 **Horizontales:** 4. vecino 5. balcón 6. mueble 8. lámpara 10. copa 11. vasos 14. manta
Verticales: 1. escalera 2. pinturas 3. alquilar 7. horno 9. mudarte 12. sofá 13. taza

estructura

12.1 Estructura

1 1. quien 2. que 3. quienes 4. quien/que 5. que 6. que 7. quienes 8. que

2 1. Lo que preparo en la cocina es el almuerzo. 2. Lo que busco en el estante es mi libro favorito. 3. Lo que me gusta hacer en verano es ir al campo. 4. Lo que voy a poner en el balcón es un sofá. 5. Lo que Paco tiene en el armario es mucha ropa. 6. Lo que le voy a regalar a mi hermana es una cafetera.

3 1. que 2. Lo que 3. lo que 4. que

4 1. que 2. lo que 3. quienes 4. que 5. que/quienes 6. quien

5 1. que/quien 2. que 3. Lo que 4. quien 5. que 6. que/quien 7. quienes 8. lo que 9. que 10. quienes 11. que 12. lo que

6 1. Lo que Raúl dijo fue una mentira. 2. Lo que conseguiste fue enojar a Victoria. 3. Lo que Lilia va a comprar es una falda. 4. Lo que ellos preparan es una sorpresa. 5. Lo que a Teo y a mí nos gusta es la nieve.

12.2 Estructura

1 1. Lave 2. Salga 3. Diga 4. beba 5. Venga 6. vuelva 7. coman 8. Oigan 9. pongan 10. Traigan 11. Vean 12. Conduzcan

2 1. Traiga la aspiradora, por favor. 2. Arregle el coche, por favor. 3. Baje al sótano, por favor. 4. Apague la cafetera, por favor. 5. Venga a la casa, por favor.

3 Lea estas instrucciones para casos de emergencia. En caso de emergencia, toque la puerta antes de abrirla. Si la puerta no está caliente, salga de la habitación con cuidado. Al salir, doble a la derecha por el pasillo y baje por la escalera de emergencia. Mantenga la calma y camine lentamente. No use el ascensor durante una emergencia. Deje su equipaje en la habitación en caso de emergencia. Al llegar a la planta baja, salga al patio o a la calle. Luego pida ayuda a un empleado del hotel.

4 1. No se sienten en la cama. 2. Límpielo ahora. 3. No me las laven mañana. 4. Sírvannoslos. 5. No las sacuda antes de ponerlas. 6. Búsquenselas. 7. No lo despierten a las ocho. 8. No se la cambie a veces. 9. No se los pidan a Martín. 10. Díganselo hoy.

12.3 Estructura

1 1. coman 2. estudiemos 3. mire 4. lean 5. escribas 6. pase

2 1. venga 2. ofrezca 3. almuercen 4. traduzca 5. conduzcas 6. ponga 7. traigas 8. vea 9. saquemos 10. hagan

3 1. Mi padre dice que es importante que yo esté contenta con mi trabajo. 2. Rosario cree que es bueno que la gente se vaya de vacaciones más a menudo. 3. Creo que es mejor que Elsa sea la encargada del proyecto. 4. Es importante que les des las gracias por el favor que te hicieron. 5. Él piensa que es malo que muchos estudiantes no sepan otras lenguas. 6. El director dice que es necesario que haya una reunión de la facultad.

4 1. Es importante que Nora piense en las cosas antes de tomar la decisión. 2. Es necesario que entiendas las situación de esas personas. 3. Es bueno que Clara se sienta cómoda en el apartamento nuevo. 4. Es urgente que mi madre me muestre los papeles que llegaron. 5. Es mejor que David duerma antes de conducir la motocicleta. 6. Es malo que los niños (les) pidan tantos regalos a sus abuelos.

5 1. Sí, es necesario que traigan el pasaporte al aeropuerto./Sí, es necesario que traigamos el pa-

Lección 12

saporte al aeropuerto. 2. Sí, es urgente que hable con la dueña del apartamento. 3. Sí, es bueno que Manuel vaya a visitar a su abuela todas las semanas./Sí, es bueno que Manuel visite a su abuela todas las semanas. 4. Sí, es importante que Ana llame a Cristina para darle las gracias. 5. Sí, es mejor que Clara sepa lo que le van a preguntar en el examen.

12.4 Estructura

1 1. escojas 2. estudie 3. sea 4. viajen 5. salgamos 6. nos quedemos

2 Te sugiero que busques una casa en un barrio seguro. Te recomiendo que escojas un barrio con escuelas buenas. Te insisto en que mires los baños, la cocina y el sótano. Te ruego que compares los precios de varias casas antes de decidir. Te aconsejo que hables con los vecinos del barrio.

3 1. José le ruega que escriba esa carta de recomendación. 2. Les aconsejo que vivan en las afueras de la ciudad. 3. La directora les prohíbe que estacionen frente a la escuela. 4. Me sugieres que alquile un apartamento en el barrio.

4 1. Marina quiere que yo traiga la compra a casa. 2. Sonia y yo preferimos buscar la información por Internet. 3. El profesor desea que nosotros usemos el diccionario. 4. Uds. necesitan escribir una carta al consulado. 5. Prefiero que Manuel vaya al apartamento por mí. 6. Ramón insiste en buscar las alfombras de la casa.

síntesis

Answers will vary.

panorama

1 1. Rubén Blades 2. el Canal de Panamá 3. molas 4. coral

2 1. La moneda de Panamá, que se llama el balboa, es equivalente al dólar estadounidense. 2. El Canal de Panamá, que une a los océanos Atlántico y Pacífico, se empezó a construir en el 1903. 3. La tribu indígena de los cuna, que hace molas, es de las islas San Blas. 4. Panamá, que significa "lugar de muchos peces", es un sitio excelente para el buceo.

3 1. la Ciudad de Panamá 2. Colón 3. Costa Rica y Colombia 4. el Mar Caribe 5. el océano Pacífico 6. el Canal de Panamá 7. las islas San Blas 8. la playa Bluff

4 1. ciudad de Panamá 2. dólar estadounidense 3. el inglés 4. Atlántico y Pacífico 5. molas 6. ecológico **Paragraph for tourist brochure:** Viaje en avión a la ciudad de Panamá, la capital de Panamá. Visite el país centroamericano, donde circulan los billetes del dólar estadounidense. Conozca a los panameños; la lengua natal del 14% de ellos es el inglés. Vaya al Canal de Panamá, que une los océanos Atlántico y Pacífico. Vea las molas que hace la tribu indígena cuna y decore la casa con ellas. Bucee en las playas de gran valor ecológico por la riqueza y diversidad de su vida marina.

5 1. Falso. Panamá es aproximadamente del tamaño de Carolina del Sur. 2. Cierto. 3. Falso. La lengua natal del 14% de los panameños es el inglés. 4. Cierto. 5. Las molas tradicionales antes sólo se usaban como ropa pero hoy día también se usan para decorar las casas.

6 1. Claribel Alegría 2. Pacífico 3. La Libertad 4. surfing 5. 2.400 metros (7.900 pies) 6. Guatemala, Honduras, El Salvador 7. árboles 8. sorpresas 9. colón 10. Soyapango

7 1. Falso. El Salvador es el país centroamericano más pequeño. 2. Cierto. 3. Cierto. 4. Falso. La playa de La Libertad es un gran centro de surfing. 5. Falso. El bosque nuboso de Montecristo tiene una humedad relativa del 100 por ciento. 6. Cierto. 7. Cierto. 8. Falso. En El Salvador se hablan el español, el nahuatl y el lenca.

8 1. el aeropuerto de Ilopango 2. las ruinas de Tazumal

9 1. Son pequeñas piezas de cerámica. 2. Es una playa que está cerca de la capital. 3. Es una poeta y novelista salvadoreña. 4. Es la capital salvadoreña.

10 1. Pacífico 2. puma 3. Ilobasco 4. Honduras

Lección 12

repaso lecciones 10-12

1 1. ¿Cuánto tiempo hace que trabajas para tu padre en la tienda?; para 2. ¿Cuánto tiempo hace que pasaron por la casa de Javier y Olga?; por 3. ¿Cuánto tiempo hace que compraste una blusa para tu hermana?; para 4. ¿Cuánto tiempo hace que Ana estudia italiano por correspondencia?; por

2 1. usaba 2. viajó 3. llamó, dormía 4. jugaban, hablaban 5. veía, llegó 6. saludaba, estacionó

3 1. Ayúdenlos a traer la compra. 2. Practique el francés. 3. Búsquenme un disco bueno. 4. Dígale lo que desea. 5. No sean malas personas. 6. Salga antes de las cinco.

4 1. Rita prefiere que el apartamento tenga dos baños. 2. Es importante que las mujeres vean al doctor todos los años. 3. La enfermera sugiere que los pacientes hagan ejercicio.

5 1. se ven 2. se empieza 3. se proveen 4. se conoce 5. se establece 6. se escucha 7. se hablan 8. se hacen

6 Answers will vary.

Lección 13

contextos

1 1. cielo 2. desierto 3. volcán 4. valle 5. selva 6. sendero

2 1. Para resolver el problema de la deforestación de los bosques, tenemos que prohibir que se corten los árboles en algunas regiones. 2. Para resolver el problema de la erosión de las montañas, tenemos que plantar árboles y plantas. 3. Para resolver el problema de la falta de recursos naturales, tenemos que reciclar los envases y latas. 4. Para resolver el problema de la contaminación del aire en las ciudades, tenemos que controlar las emisiones de los coches. 5. Para resolver el problema de la lluvia ácida, tenemos que reducir la contaminación del aire.

3 1. conservar 2. evitar 3. mejorar 4. reducir 5. dejar de 6. contaminar

4 1. ambiente 2. animales 3. cráter 4. nube 5. piedras 6. pájaro 7. ecología 8. césped 9. pez 10. luna
Todas estas cosas forman parte de la **naturaleza**.

5 1. contaminación 2. resolver 3. respiramos 4. deforestación 5. árboles 6. población 7. mejorar 8. conservar 9. recurso natural 10. reducir/evitar 11. dejar de 12. evitar/reducir/resolver

estructura

13.1 Estructura

1 1. quiten 2. haya 3. estén 4. decidan 5. sea 6. mejore

2 1. Es triste que muchos ríos estén contaminados. 2. Es ridículo que algunas personas eviten reciclar. 3. Es una lástima que los turistas no recojan la basura. 4. Es extraño que la gente destruya el medio ambiente.

3 1. Ojalá que los países conserven sus recursos naturales. 2. Ojalá que este sendero nos lleve al cráter del volcán. 3. Ojalá que la población quiera cambiar las leyes de deforestación. 4. Ojalá que a mi perro le guste ir de paseo por el bosque. 5. Ojalá que las personas reduzcan el uso de los carros en las ciudades. 6. Ojalá que los científicos sepan resolver el problema de la contaminación.

4 1. mi hermana salga los fines de semana 2. (yo) salga bien en el examen 3. la gente contamine el mundo en que vivimos. 4. sus amigos se separen por el sendero 5. tu novio espere mucho al ir de compras 6. las personas usen más agua de la necesaria 7. Roberto no sepa leer 8. los vecinos encuentren animales abandonados

5 1. Rosa se alegra de que sus amigos reciclen los periódicos y los envases. 2. Los turistas se sorprenden de que el país proteja tanto los parques naturales. 3. Tenemos que los cazadores destruyan animales en peligro de extinción. 4. La población siente que las playas de la ciudad estén contaminadas. 5. Las personas esperan que el gobierno desarrolle nuevos sistemas de energía. 6. A mi tía le gusta que mi primo recoja y cuide animales abandonados. 7. Mis vecinos tienen miedo de que el gobierno ponga un aeropuerto cerca.

13.2 Estructura

1 1. sea 2. vayamos 3. sepa 4. llegue 5. vengan 6. pague

2 1. Es probable que haya muchas vacas en los campos de la región. 2. Es posible que el agua de esos ríos esté contaminada. 3. Quizás ese sendero nos lleve al lago. 4. Es imposible que el gobierno proteja todos los peces del océano. 5. Es improbable que la población reduzca el uso de envases. 6. Tal vez el desierto sea un lugar mejor para visitar en invierno.

3 1. es 2. tiene 3. diga 4. debemos 5. puedan 6. quieras 7. busque

4 1. No estoy seguro de que a Mónica le gusten los perros. 2. Es verdad que Ramón duerme muchas horas todos los días. 3. Rita y Rosa niegan que gasten mucho cuando van de compras. 4. No cabe duda de que el aire que respiramos está contaminado. 5. Es obvio que a Martín y a Viviana les encanta viajar. 6. Es probable que tengamos que reciclar todos los envases.

5 1. No es cierto que las matemáticas sean muy difíciles. 2. El presidente no niega que el problema de la contaminación es bastante complicado. 3. Ana duda que él vaya a terminar el trabajo a tiempo. 4. Mis amigos están seguros (de) que esa

Lección 13

película es excelente. 5. No cabe duda (de) que el español se usa más y más cada día. 6. No es seguro que Lourdes y yo podamos ir a ayudarte esta tarde. 7. El maestro no cree que Marcos escriba muy bien en francés. 8. No es verdad que Pedro y Virginia nunca coman carne.

13.3 Estructura

1 1. llegue 2. haya 3. ayudes 4. venga 5. invite 6. compres 7. vea 8. dé/des/demos/den 9. lea 10. sugiera

2 1. Rogelio debe salir sin despertar a sus hermanos. 2. Tu padre compró el coche para que (tú) conduzcas al trabajo. 3. Busqué el teléfono en el directorio antes de llamar a la Sra. Vélez. 4. Los López cuidan al perro sin que les dé muchos problemas. 5. Isabel le pidió la dirección para recoger a David y a Vicente. 6. Siempre vamos a casa de Manuel antes de que sus padres lleguen.

13.4 Estructura

1 Haz un molde con madera y tela. Rompe el papel de periódico en trozos pequeños. Pon el papel en un envase con agua caliente. Prepara la pulpa con una licuadora. Vuelve a poner la pulpa en agua caliente. Empieza a poner la pulpa en un molde que deje salir el agua. Quita el molde y deja el papel sobre la mesa. Pon una tela encima del papel. Plancha el papel. Usa el papel.

síntesis

Answers will vary.

panorama

1 1. Cierto. 2. Falso. La moneda de Colombia es el peso colombiano. 3. Falso. El Museo del Oro preserva orfebrería de la época precolombina. 4. Cierto. 5. Cierto. 6. Falso. Cartagena se conoce por el Festival de Música del Caribe y el Festival Internacional de Cine.

2 1. Cambia los dólares a pesos colombianos. 2. Conduce desde (Santa Fe de) Bogotá, la capital, hasta Cartagena. 3. En Cartagena, nada en las playas del mar Caribe. 4. En Cartagena, también ve edificios antiguos como iglesias (monasterios, palacios) y mansiones. 5. Vuelve a Bogotá que está en una cordillera de los Andes. 6. Visita el

2 1. Mario, tráeme el libro que te regaló Gema. 2. Natalia, escríbele una carta a tu abuela. 3. Martín, sírveles una copa de vino/sírvenos una copa de vino. 4. Gloria, haz la cama antes de salir. 5. Carmen, no salgas hasta las nueve de la noche. 6. Lilia, enséñame a bailar salsa.

3 Este verano, descubre la naturaleza en un mundo inexplorado. Ve a la selva de Costa Rica y visita los volcanes. Nada en los lagos que se forman dentro de los cráteres. Explora valles escondidos con abundante vegetación. Conoce la región a pie o alquila un vehículo todoterreno. Observa especies en peligro de extinción en el bosque tropical. De noche, duerme bajo las estrellas y bebe agua de los ríos más puros de la selva. Respira el aire puro y disfruta de toda la región.

4 1. Sí, pide una pizza de cena./No, no pidas una pizza de cena. 2. Sí, pasa la aspiradora esta tarde./No, no pases la aspiradora esta tarde. 3. Sí, haz el almuerzo para mañana./No, no hagas el almuerzo para mañana. 4. Sí, busca a tu hermano después de la escuela./No, no busques a tu hermano después de la escuela. 5. Sí, ven a casa después de clase el viernes./No, no vengas a casa después de clase el viernes. 6. Sí, cuida al perro este fin de semana./No, no cuides al perro este fin de semana.

Museo del Oro en Bogotá para ver las piezas de orfebrería de la época precolombina. 7. Conoce los cuentos de Gabriel García Márquez. 8. Escucha los discos de la cantante Shakira.

3 1. Cartagena (de Indias) 2. Cali 3. Bogotá 4. Barranquilla

4 **Suggested answers:** 1. Colombia tiene tres veces el área de Montana. 2. Panamá conecta a Colombia con Centroamérica. 3. Dos artistas colombianos que conozco son Edgar Negret (Gabriel García Márquez) y Shakira. 4. Las tribus indígenas tenían la creencia de que el oro era la expresión física de la energía creadora de los dio-

Lección 13

ses. 5. Gabriel García Márquez publicó su primer cuento en 1947, cuando era estudiante universitario. 6. Las iglesias, monasterios, palacios y mansiones que se conservan en Cartagena son de la época colonial.

5 **Suggested answers:** 1. Los jicaque, los miskito y los paya son pequeños grupos indígenas que mantienen su cultura sin influencias exteriores y que no hablan español. 2. En Honduras se habla el español, el miskito y el garífuna. 3. Argentina Díaz Lozano es una escritora hondureña. 4. La cultura maya construyó la ciudad de Copán. 5. Las canchas de Copán eran para el juego de pelota. 6. La Standard Fruit Company intervino en la política hondureña por el poder económico que tenía en el país.

6 1. tercera ciudad de Honduras 2. juez y presidente de Honduras 3. sitio arqueológico maya y sitio arqueológico más importante de Honduras 4. templo que se encuentra en Copán 5. pintor primitivista hondureño 6. grupo de pintores que le daba importancia a las escenas de la vida diaria

7 1. Tegucigalpa 2. ciudades principales hondureñas 3. lempira 4. idiomas de Honduras 5. Roberto Sosa 6. Nueva Orleans

8 1. Falso. Todavía hay pequeños grupos indígenas que no hablan español. 2. Falso. Aproximadamente en 400 d.C., la ciudad de Copán era muy grande. 3. Cierto. 4. Falso. La comercialización de bananas empezó en Nueva Orleans. 5. Cierto.

9 1. La Ceiba 2. Nicaragua 3. Tegucigalpa 4. Lago de Yojoa 5. Laguna de Caratasca 6. Santa Fe

Lección 14

contextos

1 1. cajero automático 2. cuenta de ahorros 3. cheque 4. cuenta corriente 5. firmar 6. depositar

2 1. frutería 2. carnicería 3. lavandería 4. banco 5. joyería 6. correo 7. zapatería 8. supermercado

3 1. a plazos 2. al contado 3. con un préstamo 4. gratis 5. a plazos 6. gratis 7. al contado 8. a plazos/al contado 9. con un préstamo 10. al contado

4 1. supermercado 2. pescadería 3. panadería 4. frutería 5. lavandería 6. heladería 7. pastelería 8. joyería 9. carnicería 10. peluquería/salón de belleza

5 1. el estacionamiento (oeste) de la calle Miranda 2. la terminal 3. la Plaza Bolívar 4. la farmacia

estructura

14.1 Estructura

1 1. escriba 2. diga 3. pueda 4. digan 5. tengan 6. usen 7. reconozca 8. funcionen

2 1. sea 2. es 3. hay 4. haya 5. queda 6. quede 7. tenga 8. tiene 9. van 10. vaya

3 1. Ricardo no conoce a ningún chico que estudie medicina. 2. Laura y Diego no cuidan a ningún perro que proteja su casa. 3. Maribel y Lina no tienen ningún pariente que escriba poemas. 4. Los González no usan ningún coche que sea barato. 5. Mi prima no trabaja con nadie/ninguna persona que conozca a su padre. 6. Gregorio no hace ningún plato venezolano que sea delicioso.

4 1. hay un buzón que está en la calle Bolívar 2. no conozco a nadie que sea abogado de inmigración 3. veo a alguien aquí que estudia conmigo en la universidad 4. no hay ninguna panadería que venda pan caliente cerca de aquí 5. tengo una compañera que va a ese gimnasio 6. no sé de nadie en la oficina que haga envíos a otros países

5 1. lo quiere mucho 2. siempre nos digan la verdad 3. tiene muchos museos 4. abra hasta las doce de la noche

14.2 Estructura

1 1. Me voy a poner ese/este abrigo hasta que el jefe me diga algo. 2. Rubén va a buscar a Marta tan pronto como salga de clase. 3. Juan y Susana se van de viaje en cuanto tengan vacaciones. 4. Ellos van a invitarnos a su casa después de que nosotros los invitemos. 5. Ramón va a trabajar aquí hasta que su esposa se gradúe. 6. Tu hermana puede pasar por mi casa cuando quiera.

2 1. C; Hagan sus tareas cuando estén en la biblioteca. 2. H; Por las noches, Isabel y Natalia leen hasta que se acuestan a dormir. 3. H; Todos los viernes, Victoria viaja a Cartagena en cuanto las clases terminan. 4. F; Mónica tiene que ir a la peluquería tan pronto como llegue a la ciudad. 5. C; Vuelve a casa de tu tía después que ella salga del trabajo. 6. P; Antonio se sorprendió cuando supo la respuesta. 7. F; Los amigos de Paco se van a dormir después de que el partido termine. 8. P; Todos buscaron las llaves hasta que Patricia las encontró debajo de la cama.

3 1. Jorge va a llamarme en cuanto sepa la respuesta. 2. Los invitados siempre bailan hasta que termina la fiesta. 3. Rita y yo vamos a tu casa tan pronto como comamos. 4. Vengan al restaurante después de que nosotros veamos la película. 5. Escribiste una novela en cuanto tuviste tiempo libre. 6. Elena y Manuel tienen que cerrar las ventanas cuando llueva

4 1. salga 2. terminó 3. encontré 4. fue 5. llegues 6. recoja 7. entres 8. vea 9. fui 10. puedas

14.3 Estructura

1 1. Recojamos la casa hoy. 2. Vamos al dentista esta semana. 3. Depositemos el dinero en el banco. 4. Viajemos al Perú este invierno. 5. Salgamos a bailar este sábado. 6. Invitemos a los amigos de Ana.

Lección 14

2 1. Pasemos la aspiradora hoy. No pasemos la aspiradora hoy. 2. Pongamos la televisión. No pongamos la televisión. 3. Compartamos la comida. No compartamos la comida. 4. Hagamos las camas todos los días. No hagamos las camas todos los días

3 1. Compremos zapatos italianos en el centro. 2. Conozcamos la historia del jazz. 3. Vámonos de vacaciones a las montañas. 4. Cortémonos el pelo en la peluquería de la calle Central. 5. Hagamos pasteles para los cumpleaños de nuestras amigas. 6. No salgamos de fiesta todas las noches. 7. Corramos al lado del río todas las mañanas. 8. No gastemos demasiado dinero en la ropa.

4 Llenemos este formulario cuando solicitemos el préstamo. Ahorremos dinero todos los meses hasta que paguemos el préstamo. No cobremos los cheques que nos lleguen; depositémoslos en la cuenta corriente. Depositemos el dinero que nos regalen cuando nos casemos. Pidámosle prestado a mi padre un libro sobre cómo comprar una vivienda. Busquemos un apartamento que esté cerca de nuestros trabajos. No vayamos al trabajo mañana por la mañana/vamos al banco a hablar con un empleado.

14.4 Estructura

1 1. prestada 2. abiertas 3. hecho 4. escritas 5. puesto 6. ahorrado 7. guardados 8. perdidas 9. preferidos 10. torcido

2 1. están resueltos 2. está preparada 3. está vendida 4. está prohibido 5. está confirmada 6. están aburridos

3 1. El pavo está servido. 2. El cuarto está desordenado. 3. La cama está hecha. 4. Las niñas están dormidas.

4 1. escrito 2. hecha 3. abierta 4. muerto 5. cubierta 6. puestos 7. roto 8. desordenado 9. sorprendido 10. resuelto

síntesis

Answers will vary.

panorama

1 1. yanomami 2. Baruj Benacerraf 3. lago Maracaibo 4. los Estados Unidos 5. cosmopolita 6. Parque Central 7. España/la corona española 8. independentista

2 **Artistas venezolanos:** Rómulo Gallegos, Andrés Eloy Blanco, Teresa Carreño **Principales ciudades venezolanas:** Caracas, Maracaibo, Valencia, Maracay, Barquisimeto **Idiomas que se hablan en Venezuela:** español, arahuaco, caribe, yanomami **Países del área liberada por Simón Bolívar:** Venezuela, Colombia, Ecuador, Perú, Bolivia

3 1. un indígena/indio yanomami 2. Teresa Carreño 3. Simón Bolívar 4. José Antonio Sucre

4 **Suggested answers:** 1. Es la moneda de Venezuela. 2. Idioma y cultura que tiene su centro en el sur de Venezuela, en el bosque tropical. Defiende sus tradiciones y costumbres con agresividad. 3. Recibió el Premio Nobel por sus investigaciones en la inmunología y las enfermedades autoinmunes. Nació en Caracas, vivió en París, y ahora reside en los Estados Unidos. 4. El lago más grande de América del Sur. Tiene debajo la mayor concentración de petróleo de Venezuela. 5. Las empresas petroleras venezolanas después de ser nacionalizadas y pasar a ser propiedad del estado. 6. Es la capital de Venezuela. Es una ciudad cosmopolita y moderna con rascacielos y excelentes sistemas de transporte. 7. Es el corazón de la ciudad de Caracas, una zona de centros comerciales, tiendas, restaurantes y clubes. 8. General nacido en Caracas, llamado "El Libertador" porque fue el líder del movimiento independentista sudamericano.

5 1. Lago de Maracaibo 2. Río Orinoco 3. Colombia 4. Caracas 5. Guyana 6. Brasil

Lección 14

6 1. Cierto. 2. Falso. La Fortaleza Ozama fue la primera fortaleza construida en las Américas. / La Fortaleza Ozama es la más vieja de las Américas. 3. Falso. Cuba y México fueron los primeros países hispanos en tener una liga de béisbol. 4. Cierto. 5. Cierto. 6. Falso. Entre 1930 y 1961, el merengue se popularizó en las ciudades y empezó a adoptar un tono más urbano. 7. Cierto. 8. Falso. La arquitectura de Santo Domingo es famosa por la belleza y por el buen estado de los edificios.

7 1. español, francés criollo 2. Juan Pablo Duarte 3. Calle de las Damas 4. Caribe 5. Sammy Sosa 6. orquestas 7. Juan Luis Guerra 8. La Vega 9. la capital/Santo Domingo

8 1. el merengue 2. el béisbol 3. Catedral Santa María la Menor 4. los palos

9 1. fundada 2. visitados 3. practicado 4. construido 5. dividida

Lección 15

contextos

1. 1. activo 2. descafeinado 3. débil 4. engordar/aumentar de peso 5. estar a dieta 6. tranquilo 7. sin 8. (estar) en forma

2. 1. estiramiento 2. descafeinadas 3. levantar pesas 4. teleadicto 5. Sudar 6. apurarse 7. masaje 8. drogadictos

3. 1. hacer ejercicios de estiramiento 2. no consumir bebidas alcohólicas 3. llevar una vida sana 4. apurarse

4. Positivo para la salud: dieta equilibrada, hacer gimnasia, tomar vitaminas, hacer ejercicios de estiramiento, entrenarse, comer comida sin grasa, llevar vida sana, buena nutrición, levantar pesas **Negativo para la salud:** fumar, llevar vida sedentaria, sufrir muchas presiones, colesterol, comer en exceso, consumir mucho alcohol, ser un teleadicto, ser un drogadicto

5. 1. Ponte a dieta. 2. Levanta pesas. 3. Haz ejercicios aeróbicos. 4. Deja de fumar. 5. Entrénate. 6. Come alimentos con más calorías/Come más.

6. 1. proteínas 2. minerales 3. grasas 4. vitaminas 5. proteínas 6. grasas 7. vitaminas/minerales 8. vitaminas/minerales

estructura

15.1 Estructura

1. 1. Gloria y Samuel han comido comida francesa. 2. (Yo) He visto la última película de ese director. 3. Pablo y tú han leído novelas de García Márquez. 4. Liliana ha tomado la clase economía. 5. (Nosotros) Hemos ido a esa discoteca antes. 6. (Tú) Has escrito un mensaje electrónico al profesor.

2. 1. Roberto y Marta han jugado a las cartas. 2. Víctor ha escuchado música. 3. (Tú) Has escrito cartas/una carta. 4. Ricardo ha dormido. 5. (Yo) He buceado. 6. Claudia y yo hemos tomado el sol.

3. 1. (Tú) Has conocido a varios venezolanos este año. 2. (Yo) He viajado por todos los Estados Unidos. 3. ¿(Uds.) Han ido al museo de arte de Boston? 4. Virginia ha hecho trabajos muy buenos. 5. Los estudiantes han asistido a tres conferencias de ese autor. 6. Mi madre y yo hemos puesto la mesa todos los días.

4. 1. Pedro y Natalia todavía no nos han dado las gracias. 2. Los estudiantes todavía no han contestado la pregunta. 3. Mi amigo Pablo todavía no ha hecho ejercicio. 4. Esas chicas todavía no han levantado pesas. 5. Tú todavía no has estado a dieta. 6. Rosa y yo todavía no hemos sufrido muchas presiones.

15.2 Estructura

1. 1. había sido 2. había mirado 3. había comido 4. había pasado 5. habíamos encontrado 6. habíamos ido 7. había visto 8. había ido 9. habían quedado 10. había tenido 11. había lastimado 12. me había preocupado 13. había estado

2. 1. Tu novia nunca antes había ido al gimnasio por la mañana. 2. Carmen nunca antes había corrido en la maratón de la ciudad. 3. Nunca antes había visitado los países de América del Sur. 4. Los estudiantes nunca antes habían escrito trabajos de veinte páginas. 5. Armando y Cecilia nunca antes habían esquiado en los Andes. 6. Luis y yo nunca antes habíamos tenido un perro en casa. 7. Nunca antes habías conducido el coche de tu papá. 8. Ramón y tú nunca antes nos habían preparado la cena.

3. 1. Cuando Lourdes llamó a Carla, Carla ya había salido. 2. Cuando tu hermano volvió a casa, ya habías terminado de cenar. 3. Cuando llegué a la escuela, la clase ya había empezado. 4. Cuando Uds. nos buscaron en casa, ya habíamos salido. 5. Cuando salimos a la calle, ya había empezado a nevar. 6. Cuando ellos fueron a las tiendas, las tiendas ya habían cerrado. 7. Cuando Lilia y Juan encontraron las llaves, Raúl ya se había ido. 8. Cuando

Lección 15

preparaste el almuerzo, yo ya había comido.

4 Ya había empezado a jugar como jugador de golf profesional. Ya había ganado millones de dólares. Ya había sido el campeón más joven del Masters de golf. Ya había establecido muchos récords importantes. Ya había sido la primera persona de origen negro o asiático en ganar un campeonato. Ya había estudiado en la universidad de Stanford.

15.3 Estructura

1 1. de que éste haya sido mi mejor año. 2. que el ejercicio le haya aliviado el estrés. 3. que hayamos sufrido muchas presiones. 4. que el gobierno haya estudiado el problema. 5. que (Uds.) hayan sido muy buenos amigos siempre. 6. que (yo) haya hecho todo lo que pude.

2 1. Es terrible que muchas niñas jóvenes hayan estado a dieta. 2. Es triste que Uds. no hayan llevado una vida sana hasta ahora. 3. Es una lástima que los jugadores no hayan hecho ejercicios de estiramiento. 4. Es probable que nosotros hayamos aumentado de peso este verano. 5. Es ridículo que algunos doctores del hospital hayan fumado en público. 6. Me alegro de (que) mi esposo no haya engordado más. 7. Siento que nunca hayas aliviado el estrés en tu trabajo.
8. No creo que tú y tu amiga se hayan mantenido en buena forma.

3 Me alegro de que Ligia Elena se haya separado de Luis Javier. Me alegro de que la boda de Gema y Fernando haya sido tan elegante. Me alegro de que Ricardo haya conocido a Diana Carolina. Me alegro de que Alejandro y Leticia hayan ganado la lotería. Me alegro de que los padres de Juliana hayan encontrado la carta de amor. Me alegro de que me hayas contado lo que pasó ayer. Me alegro de que hayamos podido ver esta telenovela.

síntesis

Answers will vary.

panorama

1 1. España y Francia 2. mestizos 3. altiplano 4. peso boliviano 5. el español, el aimará y el quechua 6. lago Titicaca 7. la zampoña y la quena 8. "Ciudad de los dioses" 9. los indígenas aimará/los aimará 10. La Puerta del Sol

2 1. Cierto. 2. Falso. Jesús Lara fue un escritor boliviano. 3. Falso. Bolivia no tiene costas (en el mar). 4. Falso. El lago Titicaca es el segundo lago más grande de América del Sur. 5. Falso. Según la mitología inca, los hijos del Dios Sol fundaron un imperio. 6. Cierto. 7. Falso. El charango es una pequeña guitarra andina./La quena es un tipo de flauta. 8. Cierto.

3 1. quechua y aimará 2. La Paz 3. Santa Cruz de la Sierra 4. Víctor Paz Estenssoro 5. andina 6. los Kjarkas

4 1. criollos 2. Cochabamba 3. quechua 4. Casazola 5. zampoña 6. totora 7. ceremonial 8. Kalasasaya

5 **Suggested answers:** 1. La lengua guaraní se usa con frecuencia en canciones, poemas, periódicos y libros. 2. El Teatro Guaraní se dedica a preservar la lengua y la cultura guaraníes. 3. Los encajes paraguayos se llaman ñandutí porque en guaraní significa telaraña y se llaman así porque imitan su trazado. 4. Muchos turistas visitan la represa porque está cerca de las famosas Cataratas de Iguazú, y vienen atraídos por lo imponente de la construcción. 5. El río Paraná y el río Paraguay sirven de frontera entre Paraguay y Argentina. 6. El río Paraná tiene unos 3.200 km navegables, y por esta ruta pasan barcos de más de 5.000 toneladas que pueden ir desde el estuario del Río de la Plata hasta la ciudad de Asunción.

6 **Verticales: estuario al final del río Paraná:** Río de la Plata **central hidroeléctrica:** Itaipú **zona poco poblada del Paraguay:** Gran Chaco **un idioma del Paraguay:** guaraní **guitarrista**

Answers to Workbook Activities

Lección 15

paraguayo: Barrios **río con 3.200 km navegables:** Paraná **encaje artesanal paraguayo:** ñandutí **una mujer de Paraguay:** paraguaya **Horizontales: lugar originario del ñandutí:** Itaguá **capital de Paraguay:** Asunción **cuarta ciudad del Paraguay:** Lambaré **país que hace frontera con Paraguay:** Argentina

7 1. Paraguay y Argentina 2. blanco 3. Itaguá 4. once años 5. 5.000

8 1. Cierto. 2. Falso. Josefina Plá es una famosa escritora y ceramista del Paraguay. 3. Cierto. 4. Falso. Las Cataratas de Iguazú están cerca de la represa de Itaipú. 5. Falso. En la zona del Gran Chaco viven pocos habitantes.

9 1. Itapúa 2. El ñandutí

repaso lecciones 13-15

1 1. Jorge espera que su madre consiga un trabajo pronto. 2. No negamos que la clase de matemáticas es difícil. 3. Es imposible que una casa nueva cueste tanto dinero. 4. Uds. se alegran de que la fiesta se celebre cerca de su casa. 5. Es una lástima que Laura no pueda venir con nosotros.

2 1. ¡Comamos en casa! ¡No comamos en casa! 2. ¡Estudia por las noches! ¡No estudies por las noches! 3. ¡Visitemos a la abuela! ¡No visitemos a la abuela! 4. ¡Compra un coche nuevo! ¡No compres un coche nuevo! 5. ¡Limpiemos la casa! ¡No limpiemos la casa!

3 1. se vaya 2. suena 3. sea 4. oyó 5. llames 6. dé

4 1. ha dado 2. habíamos pasado 3. haya estudiado 4. han leído 5. había oído 6. hayan estado

5 1. hechos 2. reflejadas 3. escrita 4. Nacido 5. convertido 6. conectado 7. llamado 8. mantenido 9. compartida 10. fundado

6 Answers will vary.

answers to laboratory activities — Lección 1

contextos

1. 1. *Leave-taking* 2. *Introduction* 3. *Greeting* 4. *Greeting* 5. *Leave-taking* 6. *Introduction*
2. a. 2 b. 3 c. 1

pronunciación

3. 1. Gonzalo Salazar. 2. Ximena Díaz. 3. Cecilia Herrera. 4. Francisco Lozano. 5. Jorge Quintana. 6. María Inés Peña.

estructura

1.1 Estructura

1. 1. *feminine* 2. *masculine* 3. *feminine* 4. *masculine* 5. *masculine* 6. *masculine* 7. *feminine* 8. *feminine*
4. **un** diccionario, **un** diario, **unos** cuadernos, **una** grabadora, **un** mapa de **México**, **unos** lápices

1.2 Estructura

1. **Juego 1:** *The following numbers should be marked*: 3, 5, 25, 6, 17, 12, 21
Juego 2: *The following numbers should be marked*: 0, 30, 10, 2, 16, 19, 28, 22
3. 1. $19 + 11 = 30$ 2. $15 - 5 = 10$ 3. $8 + 17 = 25$ 4. $21 - 12 = 9$ 5. $3 + 13 = 16$ 6. $14 + 0 = 14$

1.3 Estructura

1. 1. nosotros 2. yo 3. tú 4. él 5. ellos 6. nosotros
3. 1. b 2. a 3. b 4. a 5. a 6. b
5. 1. Se llama Roberto Salazar. 2. Se llama Adriana Morales. 3. Es de California/Es de los Estados Unidos. 4. Es de San Juan, Puerto Rico. 5. Roberto es estudiante. 6. Adriana es profesora.

1.4 Estructura

1. 1. Cierto 2. Falso 3. Cierto 4. Falso 5. Falso 6. Cierto
3. 1. 12:00 P.M. 2. 9:15 A.M. 3. 8:30 A.M. 4. 3:45 P.M. 5. 10:50 A.M. 6. 1:55 P.M.

Lección 2

contextos

1 1. Falso 2. Cierto 3. Cierto 4. Falso 5. Falso 6. Cierto

pronunciación

4 JUAN Buenos días. Soy Juan Ramón Montero. Aquí estamos en la Universidad de Sevilla con Rosa Santos. Rosa es estudiante de ciencias. Rosa, tomas muchas clases, ¿no? ROSA Sí, me gusta estudiar. JUAN ¿Te gusta la clase de biología? ROSA Sí, es muy interesante.

estructura

2.1 Estructura
1 1. él 2. ellos 3. tú 4. yo 5. nosotros 6. tú 7. ellos 8. nosotros
4 1. estudiamos 2. estudia 3. desea 4. tomo 5. cantar 6. bailar 7. canto 8. caminan 9. cantan

2.2 Estructura
1 1. a 2. b 3. a 4. a 5. a 6. b 7. a 8. b
3 1. Lógico 2. Ilógico 3. Ilógico 4. Lógico 5. Ilógico 6. Lógico
4 1. Está en Madrid (España). 2. Ofrecen español, historia de arte y literatura. 3. Practican el español día y noche. 4. Viajan a Toledo y Salamanca.

2.3 Estructura
1 1. Falso 2. Falso 3. Cierto 4. Falso 5. Cierto 6. Cierto 7. Cierto 8. Falso
3 1. está 2. es 3. es 4. Somos 5. está 6. eres 7. están 8. Son

2.4 Estructura
1 1. 585-9115 2. 476-4460 3. 957-0233 4. 806-5991 5. 743-7250 6. 312-3374 7. 281-4067 8. 836-5581
3 **Para:** Carmen **De parte de:** Antonio Sánchez **Teléfono:** 785-6259 **Mensaje:** Hay un problema con la computadora. Él está en la residencia.

Lección 3

contextos

1 1. b 2. a 3. a 4. a 5. a 6. b 7. b 8. b

3 a. 4 b. 3 c. 1 d. 2

pronunciación

4 1. Carlos Crespo es mi medio hermano. 2. El padre de Carlos es Emilio Crespo. 3. Es italiano. 4. Mi padre es Arturo Molina. 5. Carlos estudia administración de empresas. 6. Yo estudio ciencias. 7. Diana es la novia de Carlos. 8. Somos compañeras y amigas.

estructura

3.1 Estructura

4 bonita, simpática, inteligente, tonto, simpático, trabajador, alta, morena, vieja, buena

5 1. Falso 2. Falso 3. Cierto 4. Falso 5. Cierto 6. Cierto 7. Falso

3.2 Estructura

1 1. *our* 2. *his* 3. *my* 4. *their* 5. *your* (familiar) 6. *her* 7. *my* 8. *our*

2 1. a 2. a 3. b 4. b 5. b 6. a 7. a 8. b

3.3 Estructura

1 1. nosotros 2. él 3. ellos 4. yo 5. tú 6. ellos

4 a. 2 b. 4 c. 1 d. 3

3.4 Estructura

4 1. b 2. b 3. a 4. a 5. b 6. a

5 1. Falso 2. Cierto 3. Falso 4. Cierto 5. Falso 6. Falso

Lección 4

contextos

1 1. b 2. f 3. e 4. c 5. g 6. d

2 1. b 2. b 3. a 4. a

3 1. parque 2. centro 3. Ciudad 4. domingos 5. familias 6. deportes 7. baloncesto 8. ciclismo 9. pasean 10. museos 11. Monumento

pronunciación

4 1. México es un país muy grande. 2. Los mexicanos son simpáticos y trabajadores. 3. Muchos turistas visitan Acapulco y Cancún. 4. Cancún está en la península de Yucatán. 5. Yo soy aficionada a los deportes acuáticos. 6. En mi tiempo libre me gusta nadar y bucear.

estructura

4.1 Estructura

1 1. nosotros 2. él 3. tú 4. ellos 5. yo 6. él

4 1. Falso 2. Cierto 3. Cierto 4. Falso 5. Falso 6. Cierto

4.2 Estructura

1 1. preferir 2. encontrar 3. pensar 4. seguir 5. perder 6. recordar 7. cerrar 8. empezar

3 1. Puedo ver el Ballet Folklórico en el Palacio de Bellas Artes. 2. El concierto en Chapultepec empieza a la una de la tarde. 3. El Museo de Arte Moderno cierra a las seis. 4. México y Guatemala juegan en la Copa Internacional de Fútbol el viernes. 5. El campeonato de baloncesto comienza a las siete y media.

4.3 Estructura

1 1. b 2. a 3. b 4. b

4 1. la televisión 2. jugar al tenis 3. traen/van a traer 4. repite, oye (bien) 5. a las cuatro

4.4 Estructura

1 1. b 2. b 3. a 4. b 5. a 6. b 7. a

3 **México, D. F.:** Va a estar nublado.; 28° **Querétaro:** Hay niebla.; 23° **Yucatán:** Llueve.; 32° **Chihuahua:** Hace buen tiempo. Está despejado.; 31°

Lección 5

contextos

1 1. la cabaña 2. julio 3. la cama 4. enero 5. confirmar 6. la playa 7. la pensión 8. verano

2 1. b 2. a 3. b 4. a

3 1. Falso 2. Falso 3. Falso 4. Cierto 5. Cierto

pronunciación

4 1. Noventa turistas van en barco por el Caribe. 2. Visitan muchos lugares bonitos. 3. Los viajeros bailan, comen y beben. 4. Ellos vuelven de su viaje el viernes.

estructura

5.1 Estructura

1 1. b 2. a 3. b 4. b

4 1. b 2. a 3. a 4. b

5.2 Estructura

1 1. a 2. b 3. a 4. a 5. b 6. a

5.3 Estructura

1 1. está 2. Están 3. Es 4. Es 5. Está 6. Está

4 1. Ilógico 2. Lógico 3. Ilógico 4. Ilógico 5. Ilógico 6. Lógico

5 1. Ponce está en Puerto Rico. Está cerca del mar Caribe. 2. Está lloviendo. 3. El Parque de Bombas es un museo. 4. Hoy es martes. 5. No va al Parque de Bombas hoy porque está cerrado.

5.4 Estructura

1 1. b 2. a 3. a 4. b 5. a 6. b 7. a 8. b

5.5 Estructura

1 1. Cierto 2. Falso 3. Falso 4. Cierto 5. Falso 6. Cierto

2 1. 534 2. 389 3. 1.275 4. 791 5. 2.164.000 6. 956 7. 15.670 8. 142 9. 694

4 Pasaje de avión: $619 Barco: $708 Excursiones: $225 Total: $1552

Answers to Laboratory Activities

Lección 6

contextos

1 1. Lógico 2. Lógico 3. Ilógico 4. Lógico 5. Lógico 6. Ilógico 7. Ilógico 8. Lógico

2 1. a 2. b 3. b 4. a 5. a 6. a

4 1. Diana es la cliente. 2. No, no venden ropa para hombres en la tienda. (No, sólo venden ropa para mujeres.) 3. Va a comprar una falda y una blusa. 4. Puedes (Ud. puede) comprar guantes, pero no puedes (puede) comprar calcetines.

pronunciación

4 1. Teresa y David toman el autobús al centro comercial. 2. Teresa desea comprar una chaqueta y un cinturón rosado. 3. David necesita una corbata verde y unos pantalones cortos. 4. Van a una tienda de ropa donde encuentran todo.

estructura

6.1 Estructura

1 1. *Preterite* 2. *Present* 3. *Preterite* 4. *Present* 5. *Present* 6. *Preterite* 7. *Preterite* 8. *Preterite*

4 **Tareas completadas:** Compró el pasaje de avión. Encontró su pasaporte. Preparó la maleta. Decidió no llevar la mochila. **Tareas que necesita hacer:** Necesita confirmar la reservación para el hotel con la agente de viajes. Necesita leer el (su) libro sobre Cuba.

6.2 Estructura

1 1. b 2. a 3. a 4. b 5. a 6. b

4 1. Gustavo es el novio de Norma. 2. Está comprándole (Le está comprando) una falda a Norma. 3. Le preguntó qué talla usa Norma. (Le preguntó la talla de Norma.) 4. Le prestó dinero porque la falda es cara. 5. Va a regalarle (Le va a regalar) la falda esta noche.

6.3 Estructura

1 1. *this* 2. *that* 3. *these* 4. *that*

5 1. Falso 2. Falso 3. Cierto 4. Cierto

Lección 7

contextos

1 1. b 2. b 3. a 4. a
3 1. Falso 2. Falso 3. Cierto 4. Cierto

pronunciación

4 1. Ramiro y Roberta Torres son peruanos. 2. Ramiro es pelirrojo, gordo y muy trabajador. 3. Hoy él quiere jugar al golf y descansar, pero Roberta prefiere ir de compras. 4. Hay grandes rebajas y ella necesita un regalo para Ramiro. 5. ¿Debe comprarle una cartera marrón o un suéter rojo? 6. Por la tarde, Ramiro abre su regalo. 7. Es ropa interior.

estructura

7.1 Estructura
1 1. a 2. b 3. a 4. b
3 1. a 2. b 3. b

7.2 Estructura
1 1. Ilógico 2. Lógico 3. Lógico 4. Ilógico 5. Lógico 6. Ilógico 7. Lógico 8. Lógico
2 1. sino 2. pero 3. sino 4. sino 5. pero 6. sino 7. pero 8. pero
5 1. Cierto 2. Cierto 3. Falso 4. Cierto 5. Cierto 6. Falso

7.3 Estructura
1 1. ir 2. ser 3. ir 4. ir 5. ir 6. ser 7. ser 8. ir
4 1. Carlos fue al estadio 2. El partido fue estupendo porque su equipo favorito ganó. 3. Katarina y Esteban fueron al cine. 4. Esteban se durmió durante la película.

7.4 Estructura
1 1. a 2. a 3. a 4. a 5. b 6. b
4 **Le gusta:** nadar (la natación), ir de excursión al campo, el cine **No le gusta:** el tenis, el sol, ir de compras
Pregunta: Los chicos van a quedarse (se van a quedar) en casa esta tarde.

Answers to Laboratory Activities

Lección 8

contextos

1 1. pescado 2. bebida 3. verdura 4. pescado 5. carne 6. fruta 7. carne 8. bebida

2 a. 4 b. 6 c. 9 d. 1 e. 7 f. 3 g. 10 h. 2 i. 8 j. 5

3 SEÑORA **Primer plato:** ensalada de lechuga y tomate **Plato principal:** hamburguesa con queso **Verdura:** papas fritas **Bebida:** agua mineral SEÑOR **Primer plato:** sopa de verduras **Plato principal:** pollo asado **Verdura:** arvejas y zanahorias **Bebida:** agua mineral

pronunciación

4 1. Catalina compró mantequilla, chuletas de cerdo, refrescos y melocotones en el mercado. 2. Ese señor español quiere almorzar en un restaurante francés. 3. El mozo le recomendó los camarones con arroz. 4. En mi casa empezamos la comida con una sopa. 5. Guillermo llevó a Alicia al Café Azul anoche.

estructura

8.1 Estructura

1 1. *Present* 2. *Present* 3. *Preterite* 4. *Present* 5. *Present* 6. *Preterite* 7. *Preterite* 8. *Preterite*

4 1. Falso 2. Cierto 3. Falso 4. Falso 5. Cierto 6. Cierto

8.2 Estructura

1 1. b 2. a 3. a 4. b 5. b 6. a

4 1. Cierto 2. Falso 3. Cierto 4. Falso 5. Falso 6. Falso

8.3 Estructura

1 1. Conozco 2. Saben 3. Conocemos 4. Conozco 5. Sé 6. Sabes

4 1. Falso 2. Cierto 3. Falso 4. Falso 5. Cierto 6. Cierto

5 1. a 2. a 3. b 4. a

8.4 Estructura

1 1. b 2. a 3. b 4. a 5. b 6. b

8.5 Estructura

3 1. Necesitan comprar jamón, pan, salchicha y queso. 2. Alfredo quiere ir a la fiesta con Sara. 3. Ella no quiere ir con él porque está enojada. 4. Sara va con Andrés. 5. Quieren comprar algo especial para Alfredo.

Lección 9

contextos

1 1. Ilógico 2. Lógico 3. Lógico 4. Ilógico 5. Ilógico 6. Lógico 7. Lógico 8. Ilógico

2 1. c 2. b 3. a 4. c

3 1. La fiesta es para Martín, su hijo. 2. La fiesta es el viernes a las ocho y media. 3. Es el cumpleaños de Martín. (Martín cumple veintiún años.) 4. La familia y los amigos de Martín van a la fiesta. 5. Los invitados van a cenar, a bailar y a comer pastel.

pronunciación

4 Mirta, sabes que el domingo es el aniversario de bodas de Héctor y Ángela, ¿no? Sus hijos quieren hacerles una fiesta grande e invitar a todos sus amigos. Pero a Ángela y a Héctor no les gusta la idea. Ellos quieren salir juntos a algún restaurante y después relajarse en casa.

estructura

9.1 Estructura

1 1. nosotros 2. tú 3. yo 4. ellos 5. él 6. yo 7. ellos 8. él

3 1. b 2. a 3. b

9.2 Estructura

1 1. a 2. b 3. a 4. a 5. b 6. b 7. b 8. a

4 1. Supe 2. vinieron 3. dijo 4. condujeron 5. quedaron 6. hice 7. contestaron 8. pude 9. llamaron 10. preguntaron 11. dije

9.3 Estructura

1 1. nosotros 2. ella 3. yo 4. tú 5. ellos 6. yo 7. ellos 8. ella

3 1. Falso 2. Falso 3. Cierto 4. Cierto 5. Falso

4 1. Porque tuvo un examen hoy. 2. Supo que Pedro salió con Mónica anoche. 3. Se puso muy enojada. 4. Le dijo que no quiso salir más con él.

9.4 Estructura

1 1. Ilógico 2. Lógico 3. Ilógico 4. Lógico 5. Ilógico 6. Ilógico 7. Lógico 8. Lógico

4 1. a 2. c 3. c 4. a 5. b

Lección 10

contextos

1 **Lugares:** la sala de emergencia, la farmacia, el consultorio **Medicinas:** la aspirina, la pastilla, el antibiótico **Condiciones y síntomas médicos:** la infección, el resfriado, la gripe, la fiebre

2 1. b 2. b 3. a 4. b

pronunciación

4 1. Esta mañana Cristina se despertó enferma. 2. Le duele todo el cuerpo y no puede levantarse de la cama. 3. Cree que es la gripe y va a tener que llamar a la clínica de la universidad. 4. Cristina no quiere perder otro día de clase, pero no puede ir porque está muy mareada. 5. Su compañera de cuarto va a escribirle un mensaje electrónico a la profesora Crespo porque hoy tienen un examen en su clase.

estructura

10.1 Estructura

1 1. c 2. b 3. c 4. a 5. a 6. c 7. b 8. c 9. a 10. b

4 1. Sufría 2. estornudaba 3. Pensaba 4. tenía 5. sentía 6. iba 7. molestaba 8. decían 9. tenía 10. era 11. había 12. sentía 13. sabía

10.2 Estructura

1 1. b 2. a 3. a 4. b 5. a 6. a

3 **Under the sign with the arrow:** (3.) Se sale por la derecha. **Under the sign with the skeletal hand:** (4.) ¡No se puede hacer radiografías a mujeres embarazadas! Favor de informar a la enfermera si piensa que está embarazada. **Under the Agencia Real sign:** (1.) Se venden casas y apartamentos. Precios razonables. **Under the no smoking sign:** (2.) ¡Nos preocupamos por su salud! Se prohíbe fumar en el hospital.

10.3 Estructura

1 1. c 2. a 3. b 4. a 5. c 6. b

4 1. b 2. c 3. a 4. b

10.4 Estructura

1 1. Cierto 2. Falso 3. Falso 4. Cierto 5. Cierto 6. Falso

3 1. El príncipe Carlos y la princesa Margarita se casaron hace ocho años./Hace ocho años que el príncipe Carlos y la princesa Margarita se casaron. 2. El rey sufrió un ataque al corazón hace un año./Hace un año que el rey sufrió un ataque al corazón. 3. Hace dos meses que la princesa Margarita visita al doctor. 4. Esta reportera quiere saber si la princesa Margarita desea estar embarazada./Esta reportera quiere saber si la princesa Margarita está embarazada.

Lección 11

contextos

1 1. el semáforo 2. chocar 3. el sitio Web 4. el ratón 5. el parabrisas, el mecánico 6. el disco 7. el archivo, la llanta 8. el módem

2 1. Ilógico 2. Lógico 3. Ilógico 4. Ilógico 5. Lógico 6. Lógico 7. Ilógico 8. Lógico

3 1. a 2. b 3. a 4. a

pronunciación

4 El sábado pasado Azucena iba a salir a bucear con Francisco. Se subió al carro e intentó arrancarlo, pero no funcionaba. El carro tenía gasolina y, como revisaba el aceite con frecuencia, sabía que tampoco era eso. Decidió tomar un autobús cerca de su casa. Se subió al autobús y comenzó a relajarse. Debido a la circulación llegó tarde, pero se alegró de ver que Francisco estaba esperándola.

estructura

11.1 Estructura

1 1. subió, quería 2. vio, estaba 3. llegó, eran 4. conocieron, llevaban 5. chocó, estábamos 6. compré, era 7. pusieron, íbamos 8. llevó, funcionaban

3 1. Falso 2. Falso 3. Falso 4. Cierto 5. Cierto 6. Falso

11.2 Estructura

1 1. para 2. para 3. por 4. por 5. por 6. por 7. para 8. por

3 1. a 2. a 3. a 4. b

11.3 Estructura

1 1. a 2. b 3. a 4. a 5. b 6. a 7. a 8. b

3 1. a 2. c 3. b 4. b 5. b 6. a 7. a 8. c

11.4 Estructura

1 1. *mine* 2. *yours* 3. *his* 4. *theirs* 5. *ours* 6. *mine* 7. *yours* 8. *hers*

3 1. Falso 2. Falso 3. Falso 4. Falso 5. Cierto 6. Falso

Lección 12

contextos

1 a. 3 b. 7 c. 2 d. 8 e. 6 f. 1 g. 4 h. 5

2 1. el armario 2. el tenedor 3. el cartel 4. la pared 5. el alquiler 6. el cubierto 7. la servilleta 8. la vivienda

4 1. Falso 2. Cierto 3. Falso 4. Falso 5. Cierto 6. Falso

pronunciación

4 1. Doña Ximena vive en una casa de apartamentos en el extremo de la Ciudad de México. 2. Su apartamento está en el sexto piso. 3. Ella es extranjera. 4. Viene de Extremadura, España. 5. A Doña Ximena le gusta ir de excursión y le fascina explorar lugares nuevos.

estructura

12.1 Estructura

1 1. que 2. quien 3. que 4. lo que 5. quien 6. que 7. Lo que 8. que 9. quien 10. lo que

2 1. b 2. a 3. a 4. b 5. a 6. b

4 **Pistas:** 1. El reloj que estaba roto 2. La taza que estaba sucia (estaba en el lavaplatos) 3. La almohada que tenía dos pelos (pelirrojos) **Pregunta:** La tía Matilde se llevó las cucharas de la abuela porque necesitaba dinero.

12.2 Estructura

1 1. No 2. Sí 3. Sí 4. No 5. Sí 6. Sí 7. No 8. No 9. No 10. Sí

5 a. 2 b. *blank* c. 5 d. *blank* e. 1 f. 3 g. 4

12.3 Estructura

1 1. tomemos 2. conduzcan 3. aprenda 4. arregles 5. se acuesten 6. sepas 7. almorcemos 8. se mude

4 1. c 2. b 3. a

12.4 Estructura

1 1. Sí 2. No 3. Sí 4. No 5. No 6. Sí

4 1. El Sr. Barriga quiere que los chicos le paguen el alquiler. 2. Le pide que les dé más tiempo. 3. Les sugiere que pidan dinero a sus padres y que Juan Carlos encuentre otro trabajo pronto. 4. Los chicos tienen (van a tener) que mudarse. 5. Al final, el Sr. Barriga insiste en que le paguen el alquiler mañana por la mañana.

Lección 13

contextos

1 1. Lógico 2. Ilógico 3. Lógico 4. Ilógico 5. Lógico 6. Lógico
2 a. 4 b. 1 c. 5 d. 3 e. 6 f. 2
4 1. ecoturismo 2. selva 3. naturaleza 4. descubra 5. bosque tropical 6. plantas 7. pájaros 8. río 9. cielo 10. estrellas 11. mundo

pronunciación

4 1. Sonia Valenzuela es de Barranquilla, Colombia. 2. A ella le importa mucho la ecología. 3. Todos los años ella viaja miles de millas para pedirle a la gente que no destruya la selva. 4. No importa que llueva o haya sol, Sonia lleva su mensaje. 5. Le dice a la gente que la tierra es suya y que todos deben protegerla para controlar la deforestación.

estructura

13.1 Estructura
1 1. a 2. b 3. b 4. a 5. a 6. b
4 1. Falso 2. Falso 3. Falso 4. Cierto 5. Cierto 6. Falso

13.2 Estructura
1 1. Subjunctive 2. Subjunctive 3. Indicative 4. Indicative 5. Subjunctive 6. Subjunctive 7. Indicative
3 1. b 2. a 3. b 4. a 5. b 6. c 7. a 8. c

13.3 Estructura
1 1. Lógico 2. Ilógico 3. Lógico 4. Ilógico 5. Ilógico 6. Lógico
3 a. 2 b. 1 c. 4 d. 3

13.4 Estructura
1 1. No 2. No 3. Sí 4. Sí 5. Sí 6. No 7. No 8. Sí 9. No 10. Sí
4 1. Recicla el papel. 2. Compra productos reciclados. 3. Conduce un automóvil eléctrico. 4. Lava la ropa con agua fría. 5. Apaga las luces, la televisión y la computadora. 6. Escribe cartas al gobierno sobre los problemas ecológicos.

Lección 14

contextos

1 1. Lógico 2. Lógico 3. Ilógico 4. Lógico 5. Ilógico 6. Lógico

2 1. Lavandería Rosa 2. Peluquería Violeta 3. Oficina de Correos 4. Banco Nacional 5. Joyería Andes 6. Librería Gallegos 7. Pastelería Simón 8. Zapatería Valencia

4 1. Buscan el correo. 2. Un cartero les da la dirección. 3. Deben doblar a la derecha. 4. Está a tres cuadras del semáforo.

pronunciación

4 Bienvenidos a Venezuela. En un momento vamos a tomar el moderno metro a un centro comercial en Sábana Grande. Mañana, vamos a conocer muchos monumentos magníficos y el lugar de nacimiento de Simón Bolívar. Martes, viajamos a Mérida, una ciudad muy hermosa en las montañas. Miércoles, navegamos en el mar cuarenta millas a la maravillosa isla Margarita.

estructura

14.1 Estructura

1 1. No 2. No 3. Sí 4. No 5. Sí 6. No

2 1. tenga 2. venda 3. vende 4. hagan

4 1. Claudia Morales 2. Alicia Duque 3. Rosalinda Guerrero 4. Gustavo Carrasquillo

14.2 Estructura

1 1. *habitual action* 2. *future action* 3. *past action* 4. *future action* 5. *future action* 6. *past action* 7. *habitual action* 8. *future action*

3 (7.) Banco Orinoco

14.3 Estructura

1 1. Sí 2. No 3. Sí 4. Sí 5. No 6. No

4 1. Falso 2. Cierto 3. Falso 4. Cierto 5. Falso 6. Falso

14.4 Estructura

1 1. hecho 2. cubierto 3. rotos 4. abierta 5. perdido 6. acompañado 7. dolido 8. muerto

3 1. Falso 2. Falso 3. Falso 4. Cierto 5. Falso 6. Falso

Lección 15

contextos

1 1. la droga 2. descafeinado 3. merendar 4. apurarse 5. la grasa 6. disfrutar

2 1. Cierto 2. Falso 3. Cierto 4. Cierto

3 **lunes:** 6:00 clase de ejercicios aeróbicos **martes:** correr con Sandra y Fernando **miércoles:** 6:00 clase de ejercicios aeróbicos **jueves:** correr con Sandra y Fernando **viernes:** 7:00 hacer gimnasia con el monitor **sábado:** 6:00 clase de ejercicios aeróbicos **domingo:** correr con Sandra y Fernando

pronunciación

4 1. Anoche, Pancho y yo fuimos a ver una película. 2. Cuando volvíamos, chocamos con el coche de una señora de ochenta años. 3. Enseguida llegó la policía al lugar. 4. La señora estaba bien pero, por su edad, nos apuramos y llamamos a una ambulancia para ella. 5. Pancho sólo se lastimó la pierna y a mí me dolía la cabeza. 6. En la sala de emergencia en el hospital, nos dijeron que no teníamos ningún problema. 7. Por suerte, todo salió bien. 8. Bueno, Pancho se quedó sin coche por unos días, pero eso no es tan importante.

estructura

15.1 Estructura

1 1. nosotros 2. él 3. yo 4. tú 5. ellos 6. él

4 1. b 2. a 3. a 4. c

15.2 Estructura

1 1. Ilógico 2. Ilógico 3. Lógico 4. Lógico 5. Ilógico 6. Lógico

4 **Conversación: JORGE** ¡Hola, chico! Ayer vi a Carmen y no me lo podía creer, me dijo que te había visto en el gimnasio. ¡Tú, que siempre **habías sido** tan sedentario! ¿Es cierto? **RUBÉN** Pues, sí. **Había aumentado** mucho de peso y me dolían las rodillas. Hacía dos años que el médico me **había dicho** que tenía que mantenerme en forma. Y finalmente, hace cuatro meses, decidí hacer gimnasia casi todos los días. **JORGE** Te felicito, amigo. Yo también **he empezado** hace un año a hacer gimnasia.. ¿Qué días vas? Quizás nos podemos encontrar allí. **RUBÉN He ido** todos los días al salir del trabajo. ¿Y tú? ¿Vas con Carmen? **JORGE** Siempre **habíamos ido** juntos hasta que compré mi propio carro. Ahora voy cuando quiero. Pero la semana que viene voy a tratar de ir después del trabajo para verte por allí. **Preguntas:** 1. Es extraño porque (Rubén) siempre había sido (tan) sedentario. 2. El médico le había dicho (a Rubén) que tenía que mantenerse en forma. 3. Jorge no va al gimnasio con Carmen porque compró su propio carro./Jorge no va al gimnasio con Carmen porque ha comprado su propio carro.

15.3 Estructura

1 1. a 2. c 3. b 4. c 5. a 6. b 7. c 8. a

3 **Nombre:** Eduardo Sierra **Edad:** 37 años **Preguntas:** ¿Cuándo fue la última vez que hizo ejercicio? En 1997. ¿Qué tipo de vida ha llevado últimamente: activa o pasiva? Vida pasiva ¿Consume alcohol? Sí, un poco. ¿Fuma o ha fumado alguna vez? Sí. ¿Cuándo fumó por última vez? Hace una semana. ¿Desea perder peso? Sí, un poco. ¿Conoce a alguien que haya venido al gimnasio? Sí, su hermano es cliente.

Answers to Laboratory Activities

answers to video activities

Lección 1

1 Answers will vary.

2 1. está 2. usted 3. Qué 4. Son 5. unos 6. yo 7. los 8. soy 9. llamo 10. gusto 11. Yo 12. Con

3 1. Ecuador 2. España 3. Puerto Rico 4. México

4 1. Álex 2. Inés 3. Maite 4. Sra. Ramos 5. Sra. Ramos 6. Sra. Ramos 7. Sra. Ramos 8. Álex 9. Javier 10. Sra. Ramos 11. Sra. Ramos 12. Javier 13. don Francisco 14. don Francisco 15. Sra. Ramos

5 Answers will vary.

6 Answers will vary.

Lección 2

1 Answers will vary.

2 1. Álex; Ricardo 2. Inés; Maite 3. Maite; Inés, Javier 4. Maite; Inés 5. Álex; Javier

3 chicas; estudiantes; chicos; hablar; estudiar; papel; computadoras; biblioteca

4 1. cuatro 2. dos 3. dos 4. geografía 5. periodismo 6. Quito 7. tres 8. arte 9. computación 10. computadoras

5 1. Álex 2. Inés 3. Álex 4. Ecuador 5. Javier 6. Maite 7. Inés 8. San Juan

6 1. Alex: la UNAM; ¡Qué aventura!; Hola, Ricardo… 2. Maite: periodismo; Radio Andina; ¡Adiós, Mitad del Mundo! 3. Inés: del Ecuador; cinco clases; estudiar mucho 4. Javier: historia, computación, arte; dibujar; de Puerto Rico

7 Answers will vary.

Lección 3

1 Answers will vary.

2 1. No 2. Sí 3. Sí 4. Sí 5. No 6. Sí

3 *a family dinner; Inés's sister-in-law, Francesca; Inés's nephew, Vicente; Inés's older brother; Inés's grandparents*

4 1. Cierto 2. Falso 3. Falso 4. Falso 5. Cierto

5 1. d 2. b 3. d 4. a 5. c 6. d 7. b 8. a

6 1. Inés tiene una familia grande. 2. No, Javier no tiene hermanos. 3. La madre de Javier se llama Margarita. 4. El sobrino de Inés tiene diez años. 5. El abuelo de Javier es simpático y trabajador.

7 Answers will vary.

Lección 4

1 Answers will vary.

2 1. Tienen 2. ir 3. vamos 4. hablar; tomar

3 dos chicos pasean en bicicleta; un chico y una chica bailan; un hombre pasea en bicicleta; un niño pequeño está con sus padres; dos chicos pasean

4 1. energía 2. pasear 3. parque 4. escribir 5. corre 6. correr 7. practica 8. tomar

5 1. parque 2. cabañas 3. Correr 4. sol 5. ciudad 6. periódico 7. libre 8. Otavalo 9. aficionado 10. Madrid 11. café 12. ecuatoriano

6 Answers will vary.

7 Answers will vary.

Lección 5

1 Answers will vary.

2 1. don Francisco 2. Maite 3. Álex 4. Inés 5. Javier

3 Los hoteles del Ecuador son impresionantes… hay hoteles de todos tipos.

4 1. hotel 2. cabañas 3. Quieren 4. descansar 5. bonita

5 1. Falso. Llegan a las cabañas 2. Cierto 3. Falso. Inés y Javier están aburridos. 4. Cierto 5. Cierto 6. Cierto

6 Answers will vary.

7 Answers will vary.

Lección 6

1 Answers will vary.

2 1. *four* 2. *three* 3. *five* 4. *two* 5. *six* 6. *one*

3 un centro comercial; unas camisetas; una tienda de ropa para niños

4 1. Vendedor 2. Inés 3. Javier 4. Inés 5. Javier

5 1. libre 2. hermana 3. suéter 4. montañas 5. blusa; sombrero 6. talla

6 1. Javier compró un suéter. 2. Javier prefiere la camisa gris con rayas rojas. 3 Inés compró una bolsa para su hermana. 4. Javier quiere comprar un suéter porque va a las montañas.

7 Answers will vary.

Lección 7

1 Answers will vary.

2 1. Javier 2. Javier 3. Álex 4. Álex 5. Javier

3 1. *three* 2. *six* 3. *two* 4. *one* 5. *five* 6. *four*

4 1. amigo 2. levantarme 3. me visto; te despierto 4. fui 5. Me; corro

5 1. Álex está leyendo su correo electrónico cuando vuelve Javier del mercado. 2. Sí. Álex piensa que es ideal para las montañas. 3. Javier no puede despertarse por la mañana porque no duerme por la noche. 4. Álex va a levantarse a las siete menos cuarto. 5. El autobús sale a las ocho y media. 6. La crema de afeitar está en el baño.

6 Answers will vary.

7 Answers will vary.

Lección 8

1 Answers will vary.

2 1. Javier 2. Sra. Perales 3. Sra. Perales 4. don Francisco 5. Maite

3 Hay una gran variedad de restaurantes en Madrid.

4 1. recomienda 2. visitarla 3. Se 4. conocer 5. tortillas; camarón

5 1. Sra. Perales 2. Álex; don Francisco 3. Sra. Perales 4. Álex 5. Sra. Perales 6. Sra. Perales

6 1. El Cráter es un restaurante. 2. La Sra. Perales es la dueña del restaurante. 3. Maite pide un caldo de patas y lomo a la plancha. 4. Álex pide las tortillas de maíz y el ceviche de camarón. 5. De beber, todos piden jugo de piña, frutilla y mora. 6. La Sra. Perales dice que los pasteles de El Cráter son muy ricos.

7 Answers will vary.

Lección 9

1 Answers will vary.

2 1. *three* 2. *one* 3. *five* 4. *two* 5. *four*

3 1. No 2. No 3. No 4. Sí

4 1. Javier 2. Maite 3. Inés 4. Álex

5 1. La Sra. Perales y el camarero le sirven un pastel de cumpleaños a Maite 2. Los estudiantes le dejan una buena propina a la Sra. Morales. 3. Maite cumple los veintitrés años. 4. Los estudiantes toman vino. El conductor no puede tomar vino. 5. El cumpleaños de Javier es el primero de octubre. 6. El cumpleaños de Maite es el 22 de junio.

6 Answers will vary.

7 Answers will vary.

Lección 10

1 Answers will vary.

2 1. Javier 2. Dra. Márquez 3. Javier 4. Javier 5. don Francisco

3 una paciente; una computadora; enfermeras; una radiografía; letreros; unos edificios; un microscopio

4 1. Javier; clínica 2. Dra. Márquez; hace 3. Javier; duele 4. Dra. Márquez; roto 5. Javier; tobillo

5 1. a 2. c 3. d 4. b 5. a 6. b

6 1. No, Javier no tiene fiebre. Sí está un poco mareado. 2. Hace más de una hora que se cayó Javier. 3. La clínica donde trabajo la doctora Márquez sellama Clínica Villa Hora./Se Lama Clínica Villa Flora. 4. No le gustaban mucho a don Francisco las inyecciones ni las pastillas./Adon Francisco no le gustaban mucho las inyecciones ni las pagtillas. 5. Sí, Javier va a poder ir de excursión con sus amigos.

7 Answers will vary.

Lección 11

1 Answers will vary.

2 Con él habla.; Con el Sr. Fonseca, por favor.; ¡A sus órdenes!; ¡No me digas!; Viene enseguida.; No veo el problema.

3 calles; semáforos; carros; una motocicleta; monumentos; taxis; una mujer policía, una ambulancia

4 1. Inés 2. Javier 3. Javier 4. Álex 5. Javier

5 1. Álex llamó al Sr. Fonseca. 2. Inés aprendió a arreglar autobuses en el taller de su tío. 3. Inés descubre que el problema está en el alternador. 4. Javier saca la foto. 5. El asistente del Sr. Fonseca está escuchando la radio. 6. El autobús está a unos veinte kilómetros de la ciudad.

6 Answers will vary.

7 Answers will vary.

Lección 12

1 Answers will vary.

2 1. Falso 2. Cierto 3. Falso 4. Falso 5. Falso

3 balcones; puertas; apartamentos; una bicicleta; una vaca

4 Inés habla de la llegada de los estudiantes a la casa.; Inés dice que va a acostarse porque el guía llega muy temprano mañana.; Javier dice que los estudiantes van a ayudar a la señora Vives con los quehaceres domésticos.

5 1. c 2. a 3. b 4. c 5. b

6 1. El guía se llama Martín. 2. Javier puso su maleta en la cama. 3. La Sra. Vives es el ama de casa. 4. Don Francisco quiere que los estudiantes hagan sus camas. 5. Según don Francisco, los estudiantes deben acostarse temprano porque el guía viene muy temprano.

7 Answers will vary.

Lección 13

1 Answers will vary.

2 Hay un gran problema de contaminación en la ciudad de México.; En las montañas, la conta-minación no afecta al río.; Es importante controlar el uso de automóviles.

3 un río; unas montañas; una flor; unas nubes; unos árboles

4 1. Maite; medio ambiente 2. Martín; sendero 3. Inés; lugares 4. Martín; contaminación 5. Maite; Espero

5 1. Falso. Maite dice que su carro es muy pequeño y no contamina mucho. 2. Falso. Martín dice que el río está contaminado cerca de las ciudades. 3. Falso. Maite piensa que el paisaje es muy hermoso. 4. Cierto 5. Falso. Martín dice que los estudiantes no deben tocar las flores y las plantas.

6 1. Sí, se pueden tomar fotos durante la excursión. 2. Según Javier, los paisajes de Puerto Rico son hermosos. 3. Deben recogerlos. 4. Va a usar el metro. 5. Según Álex, el aire de la capital de México está muy contaminado.

7 Answers will vary.

Lección 14

1 Answers will vary.

2 1. *five* 2. *one* 3. *three* 4. *four* 5. *two*

3 1. excursión 2. aconsejo 3. banco 4. correo 5. supermercado

4 Maite sugiere que vayan ella y Álex al supermercado para comprar comida.; Maite le pregunta al joven si hay un banco en la ciudad con cajero automático.; Álex y Maite toman un helado juntos.

5 1. c 2. a 3. b 4. a 5. c 6. d

6 Answers will vary.

7 Answers will vary.

Lección 15

1 Answers will vary.

2 1. Martín 2. Javier 3. Javier 4. Maite 5. don Francisco

3 una mujer que hace abdominales; un hombre que lleva pantalones cortos rojos; un hombre que levanta pesas

4 1. *three* 2. *one* 3. *five* 4. *two* 5. *four*

5 1. Falso. Según Javier, es muy bonita el área donde hicieron la excursión. 2. Falso. Hicieron los ejercicios de estiramiento antes de la excursión. 3. Falso. Don Francisco dice que el grupo debe volver a la casa porque la Sra. Vives les ha preparado una cena especial. 4. Cierto 5. Cierto

6 Answers will vary.

7 Answers will vary.